나를 바라보다
하나님을 바라보다

# 나를 바라보다

# 하나님을 바라보다

홍영택

kmc

Prologue
# 성숙한 인격과 성숙한 신앙의 만남

우리는 살면서 나에 대해 묻습니다. "나는 누구인가?" 이 물음의 배후에는 나의 궁극적 근거에 대한 의문이 담겨 있습니다.

"하나님은 나에게 어떤 존재인가?" "하나님과의 만남은 나에게 어떻게 다가올까?" 이 물음들에 대해 함께 성찰해 봅시다. 성숙한 삶, 성숙한 신앙으로 초대합니다.

홍 영 택

## 차례

**프롤로그**  성숙한 인격과 성숙한 신앙의 만남   **005**

### 1  성숙함이 필요한 이유
삶의 갈림길에 서 있을 때   **010**
드러내지 않는다고 다 괜찮은 것은 아니다   **015**
성숙함을 향한 발걸음   **022**

### 2  피로사회
뭐든 될 수 있다는 말   **030**
거짓된 나를 마주했을 때   **035**
타락의 덫이거나 축복의 기회이거나   **041**

### 3  '나'는 누구인가
뒷전으로 미뤄둔 나의 마음   **054**
있는 그대로의 나를 보라   **059**
나를 넘어 너를 보다   **066**
과연 나는 누구인가   **074**

### 4  '나'와 초월
엄마 품 같은 에덴동산을 왜 떠나야 할까   **078**
나와 너 사이에는 균형이 필요하다   **081**
몸과 나   **085**

## 5 하나님과의 일치

자기 방어를 넘어서는 법　096
하나님과의 일치를 향하여　103
새롭게 변형된 나를 만나는 순간　107

## 6 자유와 사랑

자유로부터의 도피　117
인격과 자유　120
사랑과 자유　126
죄　139
친교와 하나님 나라　148

## 7 경건 생활

하나님의 공간　152
기도　157
기도하는 사람의 태도　161
성찰적 태도　164
순종과 의지　170
성실함　173

## 8 교회와 돌봄

메시야를 기다리는 사람들　180
돌봄이 필요한 사람들　185
교회, 돌봄의 공동체　189

# 1) 성숙함이 필요한 이유

o 삶의 갈림길에 서 있을 때


　　　　　현대 사회는 개인의 삶에 대해 선택의 공간을 많이 제공하는 것처럼 보인다. 그리고 그 선택의 공간을 개인이 스스로 만들어가고 구성하도록 기회를 주는 것처럼 보인다. 개인이 자신의 삶을 효과적으로 구성하지 못하면, 그 사람은 현대 사회에서 좌절과 혼란을 겪기 쉽다. 오늘날 개인은 삶에서나 신앙에서나 다양한 도전을 받는다. 그 도전들 앞에서 자신을 잘 지키기 원한다면, 삶과 신앙에 있어 충분한 성찰이 필요하지 않을까?
　　　　　한 청년의 이야기를 통해 생각해보자.

　　　　　ㄱ군은 부모의 뜻을 잘 따르는 아들로 성장하였다. 반면 ㄱ군의 형은 자랄 때 부모와 갈등이 많았고, 직장을 다니는 지금도 부모와의 갈등이 끊이질 않아 얼마 전 혼자 방을 얻어서 나갔다. ㄱ군은 대학졸업

반을 맞아 진로 문제로 고민하다가 청년부 담당 목사와 상담을 하게 되었다. 그는 형과 달리 부모의 기대를 충족시켜왔다. 그런데 대학원에 진학하여 계속 공부하기를 원하는 부모의 생각과 달리 그는 사회 생활을 통해 현실에 부딪쳐보고 싶은 욕구가 있었다. 진로와 관련하여 대화를 나누던 중, ㄱ군이 부모 뜻을 거역하는 것을 크게 부담스러워하고 있음을 발견하였다. 그의 부모는 독실한 기독교인이었기에, ㄱ군에게도 교회생활은 자연스러운 생활환경이 되었다. 목사에게 신앙에 대한 질문을 들었을 때, 그는 "하나님이 멀게 느껴진다"고 말하면서 부모를 거역하는 것이 하나님의 뜻을 벗어나는 것은 아닐까 하는 두려움도 표현하였다.

ㄱ군과 유사한 이야기를 우리는 교회에서 흔히 만날 수 있다. 그는 어려서부터 부모의 손을 잡고 교회에 다니고, 성장하면서 교회 생활도 착실히 하였을 것이다. 학교나 가정에서 별다른 갈등을 일으키지 않고, 대체로 어른들의 뜻을 잘 따랐을 것이다. 그러나 청소년기와 청년기를 지나면서 어느 한 시점에 이르러 내적인 갈등이 나타났을 것이다. 그 갈등은 혼자만의 내적인 고민으로 시작되었다가, 결국에는 부모와의 첨예한 의견 차이로 드러날 것이다. ㄱ군의 경우에는 진로에 대한 고민으로 나타났다. 다른 경우에는 이성 관계, 친구 관계, 신앙적 갈등 등의 문제로 나타날 수 있다.

그가 현재 겪고 있는 갈등은 인생에서 어떤 의미일까? 또한 이 갈등이 신앙 생활에 어떤 의미일까? 흥미로운 것은 그의 형과 그가 살아온 방식이 정반대처럼 보인다는 것이다. 그의 형은 왜 그렇게 반항적인 길을 걸었을까? 반면 ㄱ군은 왜 순응적인 방식을 선택하였을까? 그 이유와 의미를 성찰하고 이해하지 않는다면, 그들은 앞으로의 인생에서도 그러한 방식을 거의 그대로 유지하면서, 자신도 알지 못하는 사이에 가족 관계에서, 사회 생활에서, 그리고 신앙 생활에서 계속 갈등을 겪을 것이다.

## 부모 뜻대로 살 것인가
## 내 뜻대로 살 것인가

ㄱ군의 부모는 자녀의 생각과 감정을 존중하고 그들에게 독자적 공간을 넉넉하게 허용하기보다는, 자녀로서 부모의 뜻을 따르라고 요구하는 경향이 많았다. 요구적(要求的 demanding)인 부모에게 두 형제는 서로 반대되는 태도를 보였다. 형은 부모의 요구에 반항하여 갈등을 빚었다. 반대로 동생은 부모의 뜻을 비교적 잘 따라서 순응하는 관계를 만들어왔다. 형은 자신의 뜻을 관철하였을지 몰라도, 부모와의 관계에서는 심각한 갈등을 경험하였을 것이다. 강요하는 부모를 향한 분노가 있었을 것이고, 한편으로는 자신이 부모에게 반항한 것에 대한 죄책감이 들었을 것이다. ㄱ군은 이와 대조적인 문제를 안고 있다. 그는 부모의 기대를 충족시킴으로써 부모와 평탄한 관계를 유지할 수 있었다. 그러나 그것을 위해 자신이 희생해온 것이 무엇이었는지가 지금에 와서야 겉으로 드러난다. 그는 자신의 욕구의 상당 부분을 희생할 수밖에 없었던 것이다. 그의 형이 자신의 욕구와 뜻을 버리지 않기 위해 부모와의 평탄한 관계를 희생하였다면, 그는 부모와의 평탄한 관계를 유지하기 위해 자신의 욕구와 감정을 희생했다. 의식하지는 못하지만, 그에게도 역시 분노와 죄책감이 있을 수 있다. 자신의 욕구와 감정을 억압하도록 만든 부모를 향한 분노가 무의식적으로 숨어 있거나, 더 나아가서 부모에게 대항하지 못한 자신을 향한 분노가 있을 수 있다. 또한 순응적이기만 한 자신에 대한 죄책감이 있을지 모른다.

## 순응은
## 순종이 아니다

ㄱ군은 "하나님이 멀게 느껴진다"고 고백한다. 부모와의 관계에서 순응적으로 살아왔기에 하나님과의 관계에서도 순응적인 태도를 가질 가능성이 많다. 순응(順應)은 성서적인 의미의 순종과는 다르다. 자신의 정체성과 욕구를 분명히 인식하는 상태에서 하나님의 더 큰 뜻을 이해하여 따르고자 하는 것이 진정한 의미의 순종이라면, 여기에서 말하는 순응은 자신의 정체성과 욕구를 인식하지 못하거나 또는 억압하고 있는 상태에서 상대방이 하고자 하는 대로 그저 따라가는 것을 말한다. 그는 부모의 뜻에 순응하며 살아온 것처럼, 순응적 신앙생활만을 해왔을 가능성이 크다. 부모나 교회의 가르침대로 교회 생활을 하는 것이 사춘기에 이르기까지는 필요할 수 있다. 하지만 사춘기에 이르러서는 신앙적 경험과 내적 확신을 통하여, 교회의 가르침이 개인적으로 내면화되어야 한다. 그럴 때 그 신앙은 성숙하고 확신에 찬 신앙생활로 성장할 가능성이 열린다. ㄱ군은 사춘기를 지나면서 개별적인 확신의 경험을 가지지 못했을 가능성이 크다. 순응을 요구하는 부모와의 관계에 익숙한 그는 신앙 생활에서도 교회의 외적 요구들을 따르는 데 그쳤을 것이다. 때문에 하나님과의 개인적 관계를 내면적으로 성숙시키기는 어려웠을 것이다. 하나님이 멀게 느껴진다는 말을 통해 짐작할 수 있다.

## 왜 시키는 대로
## 따라야 하는 거야?

ㄱ군의 형은 이와는 다른 길을 걷고 있을 것이다. 그에게 하나님

은 부모의 하나님이지 나의 하나님은 아니다. 하나님을 믿고 교회 생활을 하는 것은, 강요하는 부모의 테두리 안에 머무르는 것이 될 것이다. 그는 부모에게 적대적인 태도를 보이듯 하나님과 교회를 향해서도 적대적인 느낌을 지녔을 가능성이 많다.

### 갈등 한가운데서
### 성숙함으로

ㄱ군과 그의 형은 자신들이 왜 그렇게 순응적인지, 왜 그렇게 공격적인지 이해할까? 그들은 왜 하나님이 그렇게 멀게 느껴지는지, 왜 하나님이 그렇게 불편감을 주는지 알까? 그들은 자신들이 인간의 두 측면, 즉 수용적 측면과 공격적 측면을 각각 하나씩 나누어 가져서 자신들의 삶을 편향적으로 살아가고 있음을 알까?

그들이 편향적인 삶과 신앙을 벗어나서 보다 균형 잡힌 삶과 신앙으로 나아가기 위해서는, 자신들이 살아온 길과 방식들 그리고 결과들을 이해하고 성찰하는 것이 필요하다. 이러한 이해와 성찰의 과정을 거쳐서 균형 잡힌 인격과 신앙에 이르는 것을 이 책에서는 성숙함이라고 부르려 한다.

## ○ 드러내지 않는다고 다 괜찮은 것은 아니다

ㄱ군은 지금까지 부모의 뜻과 크게 부딪치지 않고 성장해왔다. 부모가 제공한 환경은 별 문제가 없었고, 교회 또한 당연히 있어야 할 곳으로 여겨졌다. 그런데 왜 지금까지 당연하던 것들이 어느 순간 그렇지 않게 느껴질까? 교회에 다니는 많은 청년이 별다른 사춘기를 거치지 않고 지나왔다고 느낀다. 그리고 20대에 와서야 사춘기 같은 갈등을 겪기 시작한다. ㄱ군과 같은 사람이 그러한 예이다. ㄱ군은 지금에야 비로소 일종의 사춘기 갈등을 겪는 것이다.

다음은 에베소서의 말씀이다.

우리가 다 하나님의 아들을 믿는 것과 아는 일에 하나가 되어 온전한 사람을 이루어 그리스도의 장성한 분량이 충만한 데까지 이르리니, 이는 우리가 이제부터 어린 아이가 되지 아니하여 사람의 속임수와 간사한 유혹에 빠져 온갖 교훈의 풍조에 밀려 요동하지 않게 하려 함이라. 오직 사랑 안에서 참된 것을 하여 범사에 그에게까지 자랄지라. 그는 머리니 곧 그리스도라. 그에게서 온 몸이 각 마디를 통하여 도움을 받음으로 연결되고 결합되어 각 지체의 분량대로 역사하여 그 몸을 자라게 하며 사랑 안에서 스스로 세우느니라(엡 4:13~15).

위 말씀의 핵심은 그리스도 안에서 어린아이로부터 벗어나 장성함으로 나아가라는 권고이다. 여기에서 어린아이란 온갖 교훈에 따라 이리저리 요동하는 존재로 묘사된다. 반면 장성함이란 사랑 안에서 참된 것을 선택할 수 있을 정도로 '스스로 세우는' 것으로 묘사되어 있다. 그리고 어린아이에서 장성함으로 가는 과정은 '자라는' 것이라고 말한다. 이 권고의 말씀에 따르면, 자라는 것은 성숙한 독자성(獨自性)으로 나아가는 과정이다. 어린아이는 부모 등 보호자에게 의존되어 있다. 의존되어 있다는 것은 아직 독자적인 자기 자신이 되지 못했다는 뜻이다.

## '나'를 창조하시는 하나님

왜 우리는 하나님을 창조의 하나님이라고 부를까? 태초에 하나님이 세상을 창조하셨기 때문일까? 그것은 창조의 하나님에 대한 반쪽 묘사에 지나지 않는다. 하나님은 태초만이 아니라 현재도 세상을 창조하시고 바로 지금 '나'를 창조하고 계시다. 우리가 세상의 창조만 경험하고 나의 창조를 경험하지 못하면, 우리는 하나님을 진정한 창조의 하나님으로서 경험하고 있지 않은지도 모른다. 베드로처럼 되고 싶다고 기도하는 사람에게, 하나님이 베드로는 한 사람이면 족하다고 대답하셨다는 이야기가 있다. 고유하고 성숙한 나를 창조해가는 것이야말로 하나님의 창조의 핵심이라 할 수 있다.

각 사람이 고유한 자기 자신으로 성장해가는 것은 하나님의 창조의 깊은 신비이다. 식물과 동물도 자라고 사람도 자란다는 것은 우리가 아는 상식이다. 그런데 왜 하나님은 생물들이 자라게 하셨을까? 식물이나 동물에게도 어느 정도의 인격이 있어서, 그들의 인격이 자란다는 것을 인정할 수 있으나, 특별히 사람의 경우에는 인격이 자라는 것이 매우 돋보인다. 위의 성경 말씀 또한 인격의 성장을 권고하고 있다. 왜 사람에게 인격의 성장 과정이 그토록 중요할까? 그저 짜여진 유전자의 설계에 따라 자라는 것이라면 위의 말씀처럼 권고할 필요가 없다. 사람의 인격의 성장 과정이 짜여진 대로 이루어지는 것이 아니라면, 왜 그러한 자유의 가능성이 있는 것일까? 우리는 이 질문을 해야 하며, 또한 이 질문에 책임 있는 답을 해야 한다.

## 하나님이 주신 자유
### 내가 이루어가는 하나님의 창조

자유의 가능성이 있는 것은 그 과정이 창조의 과정이기 때문이다. 하나님이 '창조의 하나님'이시라는 것은 바로 내가 '창조의 사람'이라는 것을 뜻한다. 왜냐하면 하나님은 '나와 함께하시는 하나님'이기 때문이다. 나는 인격의 성장을 통해 하나님의 창조에 참여하고 하나님의 창조를 이루어간다. 그 창조는 정말 새로운 것이어야 한다. 새로운 것이 아니라면 창조가 아니기 때문이다. 정말 새로운 것이란 이 세상에 단 하나뿐인 '나'이다. 주변의 모든 것이 새로운 것이라 하더라도 내가 복제품이라면, 그것이 정말 새로운 것일까? 내가 아무리 부자라 하더라도 주변의 부자들과 별다른 점이 없다면, 나는 정말 창조의 삶을 사는 것일까? 남들이 보기에 멋있다거나 위대한 업적을 남겼더라도 그것이 진정 나의 고유한 창조가 아니라 남들의 복제품이라면, 큰 의미가 없을 수 있다. 남들이 보기에 눈에 띄지 않더라도 진정 고유한 나로서 자라간다면, 그것이 인격의 성장이며 진정한 창조이다.

교회의 삶에서 종종 간과되는 것이 '자유'의 중요성이다. 자유는 창조의 본질적 부분이다. 진정한 창조는 자유로운 존재에 의해서만 가능하기 때문이다. 어린아이의 특성은 충분한 자유를 행사할 수 있는 성숙함이 아직 덜 이루어진 것이다. 위의 성경 말씀을 보면, 장성함은 '사랑 안에서 참된 것'을 하는 것과 연관되어 있다. "진리가 너희를 자유롭게 하리라(요 8:32)"는 예수님의 말씀 속에는, 참된 것을 깨달으면 얽매인 것에서 자유로울 수 있다는 의미가 담겨 있다. 사람에게 또는 나에게 참된 것이 무엇인지 예수 그리스도 안에서 깨닫게 되면, 그리 중요하지 않으면서도 사람의 마음을 흔드는 것들을 분별하여 내려놓을 수 있다. 이러한 분별력을 갖추면 "사람의 속임수와 간사한 유혹에 빠져 온갖 교훈의 풍조에 밀려 요동하지 않게" 되며, 자신에게 참된 것을 추구하는 자유를 갖게 된다. 그리하여 진정한 성숙을 향하여 자라며, 진정한 사랑을 실현한다.

### 사춘기
### 자유가 영글어가는 시간

사람이 사춘기 갈등을 겪는 것은 어린아이에서 어른을 향해 움직이기 위한 과정이 있기 때문이다. 사춘기의 특징은 방황과 혼란이다. 부모, 가족, 학교, 교회에 의존하던 어린아이가 자신의 독자성을 향해 나아가기 위해 그동안 의존했던 사람, 구조, 생각, 습관을 점차 떠날 때, 집 잃은 아이처럼 방황하고 혼란을 겪게 마련이다. 엄마 품에 안겨 있던 아기가 아장아장 혼자 걷기 시작할 때, 그리고 엄마가 '안 돼'라고 말하는데도 고집부릴 때, 아기는 자유의 첫걸음을 내디딘다. 그리고 처음 어린이집에 갈 때, 초등학교에 입학하여 혼자 등교할 때, 아이는 자신이 혼자 살아야 한다는 것을 깨닫는다. 그리고 사춘기가 되면, 아이는 이제 자신만의 독자적인 생각, 독자적인 세계, 독자적인 미래를 만들어가는 상황에 직면한다. 이제 자유가 영글기 시작하는 것이다.

많은 사람들은 ㄱ군처럼 학창시절에 사춘기를 겪지 않고 지나가기도 하는데, 그런 경우 십중팔구 뒤늦게 사춘기를 겪는다. 어떤 사람은 40대가 돼서야 방황과 갈등을 시작하는데, 그런 경우 중년의 위기와 겹치면서 큰 혼란이 오기도 한다. 이는 자유가 영글어가는 것을 뒤로 미루어왔기 때문이다. 늦게 사춘기가 오는 경우, 방황과 갈등의 과정을 거쳐 삶이 더 성숙하게 세워지면 다행이지만, 삶이 파멸에 이르는 경우도 많다. 10대는 아직 삶이 정착되지 않았기 때문에 방황하는 것이 비교적 안전한데, 인생의 후기에 방황한다면 이미 정착된 직장이나 결혼 생활에 균열이 생길 위험이 있는 것이다.

ㄱ군의 형은 ㄱ군과 다른 방식으로 사춘기를 맞이한다. 사춘기를 제대로 겪기도 전에 본인이 살아온 삶의 구조를 떠나버린다. 그리고 영원히 방황한다. 평생 사춘기를 겪으며 산다고 말하는 것이 나을지 모른다. 자유를 향해 나아갔지만 진정한 자유를 얻지 못한 채 떠돌기만 한다. 진정한 자유는 진정한 관계에 기반을 둔다. 그런데 ㄱ군의 형은 관계에 얽매이지 않는 것을 자유라고 오해한다.

### 내적인 욕구와 부모의 요구가 상충될 때

위의 두 사람의 경우를 '이중 구속(二重 拘俗 double bind)'이라는 말로 설명할 수 있다. 이 말은 '이중적으로 구속되어 있다'는 뜻이다. 다시 말하면, 이렇게 해도 저렇게 해도 갇혀 있는 상태를 벗어날 수 없다는 것이다. 두 형제는 강압적으로 요구하는 부모 밑에서 성장하였다. 이러한 관계에서는 두 사람이 가진 내적인 요구와 부모의 외적인 요구가 지속적으로 상충(相衝)될 수밖에 없다. 자신의 내적인 욕구를 따르면 부모의 요구를 수용하는 데 실패하고, 반대로 부모의 요구를 따르면 자신의 내적인 감정을 억압하고 무시할 수밖에 없다. 어느 쪽을 선택해도 자신의 내적 욕구와 부모의 요구를 조화롭게 통합하는 데 실패할 수밖에 없다. 즉 자신의 욕구 실현과 부모와의 원만한 관계를 모두 얻는 것이 불가능한 것이다. ㄱ군은 사춘기를 포기하였고 그의 형은 영원한 사춘기를 선택하였다.

ㄱ군의 형은 부모에게 거리를 두고 심지어는 물리적으로 떠나있

지만, 사실상 ㄱ군 못지않게 부모에 대한 심리적 의존을 벗어나지 못하고 있다. 겉으로는 자신의 의지를 내세우는 듯 보이지만, 실상은 부모에 대한 거부 또는 저항을 통해서만 자신을 확인하는 것이기 때문이다. 표면적으로는 부모에게서 독립한 것처럼 보이지만, 그것은 부모의 곁을 떠났을 뿐 진정한 자유를 실현한 것은 아니다. 진정한 성숙과 독립성은 거부와 고립이라는 형태로 나타나는 것이 아니다. 자유는 관계 밖에서가 아니라 관계 안에서 실현된다.

결국 ㄱ군과 그의 형 모두 자기와 타자를 통합하는 데 실패하였다. ㄱ군의 경우에는 타인과의 관계에서 자신을 받아들이고 표현하는 데 실패하였다. 부모를 받아들이는 대신 자신을 받아들이지 못한다. 형의 경우는 반대이다. 자신을 희생하도록 요구하는 부모에게 반항하여 자신의 요구를 앞세웠다. 그는 자신을 받아들이는 대신 타인 받아들이기를 거부하였다.

**나를 표현하면서도
타인을 수용하라**

그렇다면 우리는 어떻게 자기와 타자를 통합할 수 있을까? "장성"함으로써 이루어진다. 다시 말하면, 성숙함으로써 우리는 균형과 통합에 이른다. 어린아이에 머물러 있다면 수없이 다가오는 이중구속적 상황들 앞에서 이리저리 "밀려 요동"할 수밖에 없다. 어린아이는 의존적 상태에 있기 때문이다. 우리의 내적 욕구들은 모두 다 중요하고 의미 있는 것이지만, 여러 상황 속에서 분별하여 실현해야 한다. 그리고 타인과 사회로부터 오는 요구들 또한 분별하여 대응하지 않으면 개인은 이리저리 휘둘릴 수밖에 없다. 내적 욕구와 외적 요구를 분별하여 통합하는 일이야말로 성숙한 사람만이 할 수 있는 것이다. 위에서 인용한 에베소서의 말씀처럼 하나님은 각 개인을 성숙한 사람으로 나아가도록 부르신다. 참된 것을 분별하고 사랑을 실현할 수 있는 성숙한 사람으로 자라도록 우리를 부르신다. 참된 것이란 두 가지를 내포한다. 하나는 진정한 나 자신이며 다른 하나는 진정한 관계이다. 나의 진정한 감정과 생각, 올바른 의지 등을 분별하여 통합함으로써 나는 '참된' 나를 발견하고 구성한다. 타자와의 관계에서 무조건 순응하지도 않고 무조건 반항하지도 않으며, 진실하게 나를 표현하면서도 타인을 적절하게 수용함으로써 관계는 생동적으로 성장해간다. 어린아이의 의존적 상태에서는 이렇게 할 수 없다.

## 성숙함을 향한 발걸음

**직면하라.**

**성숙해질 나를 믿고**

어른이 된다는 것, 또는 철이 든다는 것은 현실(reality)을 직면(直面)할 수 있다는 의미이다. 개인이 하나님 앞에 선다는 것은 자신의 전존재(全存在)와 세계의 전존재 앞에 직면한다는 것이다. 하나님을 믿는다는 것은 궁극적 진실 앞에 서서 직면함을 말한다. 이 진실은 나의 한계(죄)와 나의 가능성(하나님의 은혜) 모두를 포함한다. 그러므로 직면하는 것이 결코 유쾌한 일만은 아니다. 거기에는 뼈아픈 어둠과 아픔이 있으며 그것을 받아들여야만 하는 것이다. 어린아이는 할 수 없는 일이다. 그래서 회피하거나 힘 있는 타인에게 의존해버리는 경향이 있다. 이때 힘 있는 타인은 목사님이 될 수도 있고, 부모님이 될 수도 있고, 배우자나 자녀가 될 수도 있다.

그러나 위험과 두려움에도 불구하고 용기를 내어 직면한다면, 생각지도 못한 놀라운 일이 일어난다. 내 안에 있는 놀라운 잠재성과 힘을 만나게 되는 것이다. 다른 말로 표현하면, 내 안에 하나님이 두신 창조의 힘을 만나는 것이다. 하나님은 우리 안에서 기다리고 계신다. "볼지어다 내가 문 밖에 서서 두드리노니 누구든지 내 음성을 듣고 문을 열면 내가 그에게로 들어가 그와 더불어 먹고 그는 나와 더불어 먹으리라(계 3:20)." 주님은 우리의 믿음과 용기의 문이 열리기를 기다리신다. 낯선 문을 여는 것은 두려운 일이다. 기도는 어떤 면에서 낯선 문을 여는 것과 같다. 기도는 기도의 행위 안으로 도피하는 것이 아니라 나도 모르는, 그러나 내 안에서 기다리고 있는 나의 궁극적 진실을 향해 문을 여는 것이다.

성숙함을 향한 발걸음은 믿음에서 시작하는데, 그 믿음은 내 안에 이미 성숙함의 가능성이 있음(하나님의 은혜)을 믿는 것이다. 앞에서 인용한 에베소서의 말씀은 이 가능성을 전제한다. 성숙하도록 이렇게 강력하게 권고할 수 있는 것은 성숙의 가능성을 분명히 전제하고 있기 때문이다. 믿는다면 우리는 더 이상 두려움에 의해 움직일 필요가 없다.

## 두려움에서 벗어나는 법

ㄱ군은 부모를 거역함으로써 부모에게 상처를 주거나 관계에 갈등이 생길까 봐 두려워한다. 그래서 자신의 감정과 욕구를 존중하고 표현하지 못한다. 반대로 그의 형은 자신의 개인성이 소멸될까 봐 두려워한다. 자신의 감정과 욕구가 무시당하는 것을 두려워하기 때문에 부모와의 관계를 존중할 수 없었다.

사랑 안에 두려움이 없고 온전한 사랑이 두려움을 내쫓나니 두려움에는 형벌이 있음이라 두려워하는 자는 사랑 안에서 온전히 이루지 못하였느니라. 우리가 사랑함은 그가 먼저 우리를 사랑하셨음이라(요일 4:18~19).

위의 말씀은 사랑과 두려움을 연관시킨다. 두려움은 방어적 태도를 가지게 하는데, 방어적 태도는 새로운 것 앞에서 스스로를 닫아버리고 막아버린다. 그런데 우리가 두려워하는 데에는 그만한 이유가 있다. ㄱ군의 형은 부모가 자신을 무시하고 강요하는 것을 뼈아프게 경험했기 때문에, 부모 곁에 머무르는 것을 두려워할 만한 이유를 갖고 있다. ㄱ군 역시 형의 반항으로 부모가 크게 고통스러워하는 것을 지켜보았기 때문에, 자신마저 부모를 속상하게 할까 봐 두려웠다. 그러나 두 사람 모두 비교적 어릴 때 위와 같은 경험을 했기 때문에 놓친 것이 있다.

### 제3의 가능성
### 그 길을 열라

그것은 제3의 가능성이다. ㄱ군의 형은 자신이 부모에게 저항한다고 해서 반드시 부모를 떠날 필요는 없다는 것을 놓치고 있다. ㄱ군 역시 자신의 감정과 욕구를 표현한다고 해서 꼭 부모에게 상처를 줄 필요는 없다는 사실을 놓치고 있다. ㄱ군의 형에게는 부모에게 반항하는 것과 부모 곁에 머무르는 것이 양립할 수 없다. 마찬가지로 ㄱ군에게도 자신을 정직하게 표현하는 것과 부모의 평안은 양립할 수 없다. 그런데 과연 양립할 수 없을까? 그들은 사랑의 가능성을 믿지 못하였다. 사실 이러한 태도는 그들의 부모에게서 비롯되었다고 할 수 있다. 그들의 부모는 강압적인 태도를 보이며 자녀들이 정직하고 건강하게 자신을 표현하는 것을 막아버렸다. 그들이 교회생활을 오래 했더라도 그들의 태도는 오히려 성숙한 사랑에 대한 자녀의 믿음을 막아버리는 결과를 가져왔다.

예수 그리스도는 폭력과 두려움의 세상에서 사랑의 가능성을 우리에게 보여주신 분이다. 예수는 누구보다도 자기의 정체성에 대해 분명히 아셨고, 자신이 할 수 있는 것과 하고자 하는 일이 무엇인지 분명히 아셨다. 사람들이 자신에게 기대하는 것이 무엇인지도 아셨지만, 그것에 좌우되지는 않으셨다. "예수께서 그들이 와서 자기를 억지로 붙들어 임금으로 삼으려는 줄 아시고 다시 혼자 산으로 떠나 가시니라(요 6:15)." 예수님은 제자들이 스스로 배우고 선택하고 행동하도록 시간과 공간을 주셨다. 유다의 배반조차 받아들이셨다. 예수님은 많은 폭력을 만나셨고 또 많은 두려움을 직면하셨을 것이다. 그러나 언제나 폭력을 행사하지 않으셨으며 두려움에 의해서 행동하지 않으시고 사랑을 향해 걸으셨다. 예수님은 스스로의 결정에 따라 십자가의 고난을 받으셨다. 그 사랑의 힘과 빛 앞에서 우리의 한계와 죄들은 힘을 잃는다.

ㄱ군 형제는 사랑의 가능성을 향해 움직일 수 있다. 양자택일밖에 할 수 없다는 생각이 두려움을 야기시킨다. 사랑의 가능성은 제3의 길을 연다. ㄱ군은 잊었던 자신의 내면에 보다 더 관심을 가질 수 있다. 자신의 감정과 욕구를 알아차리는 데는 시간이 좀 걸릴 것이다. 그리고 타인에게, 특히 부모에게 상처를 주지 않고 그것들을 표현하는 방식을 배우는 데는 시간이 더 걸릴지 모른다. 스스로에게 참된 것이 무엇인지 알아가고 표현하는 것이 결코 부모와의 건강한 관계를 방해하지 않는다는 사실을 배운다면, ㄱ군은 훨씬 더 아름다운 자유로움을 경험할 것이며 성숙함을 향한 큰 발걸음이 될 것이다. 그리고 하나님 앞에서 더 솔직하고 자유롭게 자신을 표현하게 될 것이며, 그 결과 하나님이 더 친근하게 다가오심을 경험하게 될 것이다. 그리고 사랑이 무엇인지 조금씩 깨닫게 될 것이다. 사랑은 자유에서 시작된다는 것을 경험하게 될 것이다.

ㄱ군의 형 또한 자신이 진정으로 원하는 것이 무엇인지 깊이 성찰할 필요가 있다. 그가 원하는 것은 부모의 사랑과 이해이며, 그 사랑은 자신을 존중하고 이해해주는 것이어야 한다. 그의 좌절은 그의 부모가 자신을 존중하고 이해해주지 않은 데 있다. 그는 그 좌절을 공격적 반항으로 극복하려 했다. 공격성은 그가 가진 좋은 자원이다. 그 공격성을 보다 건강하게 사용한다면, 그는 자신이 원하는 것을 향해 한 발짝 더 다가갈 수 있을 것이다.

## 한 걸음 물러나
## 성찰하라

나는 '성찰'이란 단어를 사용하였는데, 이것은 성숙함의 기본적 태도이다. 성찰은 한 걸음 물러나서 자신의 내면과 자신의 상황을 바라보며 이해하려는 태도이다. 성찰을 통해 ㄱ군의 형은 자신의 반항적 태도 배후에 있는 진정한 소망을 바라볼 수 있다. 한 걸음 더 나아간다면 그는 자신의 부모도 어린 시절에 많은 상처를 경험했으리라는 것을 이해할 수 있을지 모른다. 반항하고 공격하는 것은 비교적 쉬운 일이다. 그러나 성찰을 통해 이해를 추구하며 그 이해한 바를 공격적이지 않으면서도 분명하게 표현하는 것은 훨씬 더 어려운 일이다. 그것은 공격적 에너지를 보다 관계지향적으로 사용하는 것이다. 공격하지 않는 것이 부모의 강요와 무시를 받아들인다는 의미는 아니다. 그는 부모에게 반항적으로 공격하는 대신에, 부모에게서 겪는 좌절감을 분명하게 말할 수 있다. 이러한 시도는 대부분의 부모가 자녀의 이야기에 귀 기울이게 할 것이다. ㄱ군의 형은 자신을 분명하게 표현하면서도 부모와의 관계를 더 깊게 만들어갈 수 있을 것이다.

자녀의 시도에 대해 간혹 긍정적으로 반응하지 않는 부모도 있다. 그럴 때 자녀는 부모에게서 거리를 두는 선택을 할 수밖에 없을지 모른다. 그런 경우 항상 염두에 두어야 할 것은 반항으로 끝나지 않도록 노력하는 것이다. 이해하지 못하는 부모를 진정 넘어설 수 있는 길은 반항이 아니라 성찰이다.

## 방어적 태도를 넘어
## 적극적으로 사랑하라

ㄱ군 형제가 제3의 길을 향하여 나아갈 수 있다면 그들은 첫째, 이중구속이라는 영구적인 감옥에서 벗어나기 시작할 것이다. 둘째, 이는 그들에게 자기를 표현할 수 있는 자유 그리고 진정한 관계를 향하여 움직일 수 있는 자유를 향하게 할 것이다. 셋째, 그들은 진정한 자신이 되는 것과 진정한 사랑을 경험하는 것이 상충하는 것이 아니라 함께 가는 것임을 깨닫게 될 것이다. 두려움으로 인한 방어적 태도에서 자유에 기반한 적극적 사랑으로 나아가는 것이다.

제3의 길은 방어적 전략보다 더 쉽거나 편안한 것은 아니다. 그것은 보다 깊은 진실을 향해 움직이는 것이다. 이것은 어린아이 같은 방어적 태도를 떠나 성숙한 어른처럼 대처하는 것이다. 어른이 되는 것은 언제나 용기와 절제와 끈기를 필요로 하듯이, 제3의 길을 가는 것은 상당한 노력이 필요하다. 그러나 앞에서 말했듯이, 우리에게는 누구나 성숙함의 가능성이 내재되어 있다. 하나님은 우리를 성숙함을 향해 부르시기에, 모든 사람의 내면에 그 잠재력을 심어 놓으셨다. 누구든지 믿음으로 반응하고 결단할 때, 그 잠재력의 씨앗에서 싹이 나며, 하나님의 은혜가 함께하심으로 그 싹은 자라날 것이다. 그리하여 우리는 성숙함으로 나아간다.

성서의 메시지가 일관성 있게 말하는 것은 사람이 가만히 앉아 있기만 하면 저절로 되는 것은 아니라는 것이다. 그러나 성서가 또한 우리에게 끊임없이 말하는 것은 우리가 믿음으로 반응하고 인내로 노력할 때 하나님의 놀라운 은혜가 우리와 함께한다는 것이다. 성숙함을 향해 나아가는 길은 한편으로 용기가 필요하며 다른 한편으로 성찰의 노력이 요구된다.

성숙함이 필요한 이유

2) 피로사회

o 뭐든 될 수 있다는 말

　　　　　우리가 지금 살아가는 사회는 이전에 예측할 수 없었던 새로운 상황을 가져다준다. 이러한 변화는 일반적으로 정보화 사회의 등장과 관련 있는 것으로 알려져 있다. 휴대전화와 SNS, 유튜브로 상징되는 정보화 사회는 사람들에게 넘쳐나는 정보에 손쉽게 접근할 수 있게 하며, 모든 개인에게 SNS를 통한 자기 표현의 기회를 자유롭게 제공한다. 적어도 정보와 관련해서는 제한과 경계가 거의 사라져가고 있다.
　　　　　독일에서 활동하는 한국인 철학자 한병철은 2010년『피로사회』를 출판하여 세계적인 반응을 불러일으켰다. 이 책은 우리나라에서도 2012년에 번역 출판되어 뜨거운 호응을 얻은 바 있다.[1] 이 책에서 한병철은 현대 사회가 사람들에게 무한한 가능성을 열어놓음으로써 오히려 사람들을 탈진에

---

[1] 한병철, 김태환 옮김,『피로사회』(서울: 문학과지성사, 2012)

이르게 한다고 말한다. 그는 이를 '긍정성의 과잉'이라고 부른다. 무한한 가능성과 넘치는 자기 표현의 기회가 사람들을 진정으로 자유롭게 하는 것이 아니라 오히려 피로감과 자기 상실에 이르게 한다는 것이다.

한 여성의 이야기를 살펴보자.

ㅂ씨는 38세의 여성으로 현재 노인복지시설에서 근무하며 상담대학원 박사과정을 이수하고 있다.

그녀는 두 딸 중 둘째로서 어린 시절 언니보다 공부를 잘하는 편이어서, 부모는 그녀가 의사가 되기를 희망하였다. 특히 아버지는 공부를 강요하다시피 할 정도였다. 그러나 중고등학교를 지나면서 성적은 그리 뛰어나지 못했기에 그녀는 결국 사회복지학과에 진학하였다. 자신의 전공에 만족하지 못한 그녀는 편입 등 다른 길을 모색하며 방황하였으나, 6년여 만에 그 학과를 졸업하였다.

대학 시절 방황하면서 힘들어할 때 친구의 권유로 교회에 나가기 시작하였다. 교회는 그녀에게 새로운 사회를 열어주었다. 예배의 경험은 우울하고 혼란스러운 마음을 추스르는 데 큰 도움이 되었다.

대학 졸업 후 사회복지시설에 취직하여 성실하게 임했지만, 업무에서 오는 스트레스가 많은 데 반해 만족을 찾기는 어려웠다. 다른 시설들로 옮겨 보았으나 큰 변화를 얻을 수 없었다. 20대 후반에 남자친구와 헤어지고 충격에 빠져 상담을 받기 시작한 후, 상담 방면으로 진로를 모색하게 되었다. 상담을 공부하면서 그녀는 자신을 이해하게 되었다. 30대 중반에 분가하여 혼자 살기 시작한 후, 간혹 그녀는 잠들기 전 불안이 몰려오는 것을 경험했다. 그때 이후로 현재까지 종종 수면제를 복용한다.

그녀는 지금 대형 교회에 나가는데, 교회는 그녀에게 사람들을 만날 수 있는 좋은 친교의 장소이기도 하지만, 잘 나가는 사람들, 결혼해서 행복하게 사는 듯 보이는 사람들과의 비교 때문에 스트레스를 많이 받는 곳이기도 하다. 그녀는 교회에서 명랑하고 밝게 보이려는 자신의 모습과 평상시의 우울한 모습 사이에서 괴리를 경험한다. 그녀는 자신의 삶이 겉돌고 있다고 종종 느낀다. 정말 내가 원하는 삶이 무엇일까 하고 생각하면 그녀는 당혹스럽고 혼란스럽다.

ㅂ씨가 느끼는 바처럼, 우리도 현대 사회에서 살아가면서 종종 당혹스러움과 혼란스러움을 느낀다. 이 당혹감과 혼란을 이해하는 데 한병철의 글은 많은 도움을 준다.

## 규율사회 vs 성과사회

한병철은 현재 우리가 경험하는 사회를 성과사회, 그 이전의 사회를 규율사회라고 부른다. 규율사회는 정보화 사회 이전의 농경사회 또는 산업사회의 특성을 일컫는다. 규율사회의 특징은 일반적으로 사람들이 따라야 하는 제도와 규범이 명확해서, 이를 따르지 않는 사람에게 직접적 또는 간접적 제재가 가해진다. 그 하나의 예가 결혼제도이다. 30여 년 전만 해도 우리 사회의 사람들은 어느 정도 연령이 되면 결혼하는 것이 자연스럽고 당연하기까지 했다. 독신으로 살거나 이혼하는 것은 상당히 이례적으로 여겨졌다. 따라서 당시의 결혼 제도와 규범을 따르지 않는 사람들은 사회적으로 상당한 불편을 겪어야 했다.

규율사회에서 개인은 대체로 사회적 제도와 규범을 따르고 그 테두리 안에서 살아간다. 반면 오늘날의 성과사회에서는 제도와 규범의 힘이 약해지고 개인이 선택할 수 있는 폭이 매우 늘어난다. 지난 20여 년 동안 우리나라의 학교와 기업에서 가장 강조되는 말이 창의성이었다는 사실은 앞으로 올 성과사회를 예고하는 것이었다. 이제 개인은 사회적 제도와 규범을 따르는 사람이 아니라 자신의 삶을 만들어가야 하는 사람이다.

### 무한한 가능성이
### 위험한 이유

그런데 바로 여기에 우리의 딜레마가 있다. 규율사회에서는 개인이 사회적 규범과 제도를 따르기만 하면 그의 인생은 평균적인 것으로 인정받는다. 그렇다면 성과사회에서 평균적인 삶이란 무엇일까? 요즘 우리 사회에서 '괜찮은 삶'이란 무엇을 가리키는가? 자신이 '괜찮은 삶'을 살고 있다고 느끼는 사람들이 과연 얼마나 될까? 찾기가 쉽지 않을 것이다. 이것이 바로 성과사회의 딜레마이다.

사회는 사람들에게 얼마든지 '성과'를 만들 수 있고 또 만들어야 한다고 유혹하지만, 막상 만족스러운 성과를 만드는 것은 매우 어려울 뿐만 아니라 하나의 성취는 또 다른 성취를 향하도록 유혹한다. 만족할 줄 모르는 끊임없는 성과의 유혹 속에서 사람들은 탈진하고 길을 잃어버린다. 대부분의 사람들은 스스로 실패자 또는 낙오자라고 생각한다. 한병철은 성과사회의 사람들이 두 가지 이유로 우울증에 시달린다고 말한다. 첫째는 자기 자신에 대한 좌절 때문이고 둘째는 인간적 유대의 결핍 때문이다. 우리는 만족스러운 자기 자신이 되지 못하기에 좌절과 실망을 경험하고, 그로 인해 사람들과의 관계에서 위축되거나 가식적이 된다. 그래서 우리의 내면은 우울에 시달린다.

ㅂ씨는 대부분의 사람들처럼 성과사회에서 성공적인 성과를 낼 만한 준비가 되어 있지 않았다. 우리는 어릴 때부터 무한한 가능성 앞에 있는 것처럼 착각에 빠진다. 공부만 잘하면 의사가 될 수 있다거나, 운동만 잘하면 고액의 연봉을 받을 수 있다는 말을 듣는다. 그러나 조금만 지나보면 그 문이 얼마나 좁은지 알게 된다. 그러고는 낙오자의 인생을 살기 시작한다. 무한한 가능성이 우리를 낙오자로 만드는 것이다.

커서 어른이 되어서도 그 '무한한 가능성'의 유혹 또는 저주가 마음의 평화를 갉아먹는다. 보통의 우리들은 잘할 수 있는 한두 가지를 갖고 있지만, 그것만 가지고는 '무한한 가능성'을 성공적인 삶으로 만들어가기에 충분치 못하다. 우리에게 정해진 길이 있다면 한두 가지 잘하는 것으로 살아갈 수 있을 것이다. 그러나 오늘날의 사회는 그 정해진 길을 없애거나 비하해버린다. ㅂ씨에게 부모나 사회가 의사로서의 꿈을 불어넣지 않았다면, 그녀는 자신의 전공에 만족하고 사회복지사로서 보람을 느꼈을지 모른다. 연애와 결혼에서 사회가 '무한한' 조건들을 불어넣지 않았다면, 그녀는 자신에게 맞는 남자를 만나 결혼하고 보통의 가정을 꾸려나갔을지 모른다. 사회가 사람들에게 자기 이미지 또는 자기 스타일에 대한 '무한한' 욕망을 불어넣지 않았다면, ㅂ씨는 박사과정에까지 도전할 필요가 없었을지 모른다.

ㅂ씨가 대학 시절 처음 교회에 나갔을 때, 신앙은 그녀의 혼란스러운 마음을 진정시키고 평정을 얻는 데 도움을 주었다. 그러나 대학 졸업 후, 사회에서 경험하는 혼란과 갈등은 점점 더 심해졌고, 이제는 교회에서 만나는 사람들조차 그녀의 불안감을 가중시키는 듯했다. 그녀는 점점 더 교회에서 진실한 자기 모습을 드러낼 수 없었다. 다른 사람들 역시 그들의 표면적인 모습만 보여주는 듯했다. 교회생활은 점점 형식화되어 갔다.

## 8 거짓된 나를 마주했을 때

**잔뜩 지쳤을 때는**
**멈추고 천천히 보라**

ㅂ씨는 현재의 삶에서 길을 잃은 느낌이다. 박사학위를 받아도 상담 분야에서 안정된 직업을 얻기란 매우 어렵다. 결혼을 하고 싶지만 적당한 배우자를 만나는 것 역시 어려운 걸 알고 있다. 길 잃은 항해자처럼 그녀는 불안하고 막막하다. 피로감에 지친 그녀에게 과연 희망은 없을까? 한병철은 우리 기독교인에게 익숙한 하나의 대안을 제시한다. 그것은 '멈추고 천천히 보는 것'이다. 세계로부터 오는 온갖 자극에 반응하지 않고 정지하는 것이다. 한병철은 성령을 맞는 오순절의 사람들이 '태평한 무위(無爲)'의 사람들일 것이라고 상상한다.[2] 예수께서는 우리에게 세상의 자극들에서 눈을 돌리라고 권고하신다. 그리고 예수께서는 진정한 보화는 감추어져 있다고 말씀하신다. 천국은 마치 밭에 감추인 보화와 같으니 사람이 이를 발견한 후 숨겨 두고 기뻐하며 돌아가서 자기의 소유를 다 팔아 그 밭을 사느니라. 또 천국은 마치 좋은 진주를 구하는 장사와 같으니 극히 값진 진주 하나를 발견하매 가서 자기의 소유를 다 팔아 그 진주를 사느니라(마 13:44~46).

요즘 사람들은 끊임없이 움직이고 반응한다. 휴대전화 속의 페이스북, 인스타그램, 유튜브 등을 들여다보며 스스로를 자극하고 또 끊임없이 반응한다. 한병철은 이를 '과잉 주의(過剩 注意, hyperattention)'라고 부른

---

2 | 위의 책, 69.

다. 끊임없이 쏟아지는 정보와 광고, 그리고 타인이 주는 유혹적인 자극에 우리의 주의(注意)는 계속 분산되고 지각은 산만해진다. 우리는 늘 분주하고 바쁘지만 진정한 창조의 과정은 막혀있다. 한병철은 '과잉 주의'가 '깊은 주의'를 가로막고 있다고 말한다. 예수께서는 우리에게 깊게 주의를 기울일 것을 권면하신다. 참된 보화는 깊은 데에 있기 때문이다.

### 참된 보화에
### 깊게 주의를 기울이라

한병철은 성과사회의 사람들이 자기 자신이 되지 못한 좌절 때문에 우울증에 시달린다고 말한다. 왜 우리는 자기 자신이 되지 못할까? 깊게 주의를 기울이지 않기 때문이다. 세상의 표면적인 자극에 마음을 빼앗긴 우리는 나의 마음 깊은 곳에 있는 보화에 주의를 기울이지 못한다. 위의 성경 말씀에서 주목할 것은 '자기의 소유를 다 팔아' 그 보화를 사야 한다는 것이다. 다른 말로 표현하면, 우리의 소유를 다 팔아 살 만큼 그 보화는 가치 있다는 것이다. 어쩌면 우리의 표면적인 관심사들을 '모두' 내려놓아야만 그 보화가 눈에 보일지 모른다.

예수를 찾아와 영생의 길을 구하는 한 청년에게 예수께서는 "네게 있는 것을 다 팔아 가난한 자들에게 나눠 주라 그리하면 하늘에서 네게 보화가 있으리라 그리고 와서 나를 따르라(눅 18:22)"고 말씀하셨다. 여기에서도 역시 예수께서는 보화를 언급하시면서 소유를 다 팔라고 권하신다. 청년은 그 순간 자신의 재산에 대한 관심을 모두 내려놓기가 어려웠을 것이다. 성경은 그가 근심하며 떠나갔다고 기록한다.

그가 떠나간 후 예수께서는 그 사람의 곤경에 대해서, 그가 살길에 대해서 언급하신다. "재물이 있는 자는 하나님의 나라에 들어가기가 얼마나 어려운지 낙타가 바늘귀로 들어가는 것이 부자가 하나님의 나라에 들어가는 것보다 쉬우니라(눅 18:24~25)." 그가 하나님 나라에 들어가는 것은 불가능하다는 뜻이다. 이 말씀을 들은 제자들은 모두 놀랐다. "그런즉 누가 구원을 얻을 수 있나이까?(눅 18:26)" 예수께서는 이렇게 답변하신다. "무릇 사람이 할 수 없는 것을 하나님은 하실 수 있느니라(눅 18:27)." 이 말씀은 우리에게 두 가지를 말해 준다. 한편으로는 그 부자가 하나님 나라에 들어갈 수 없는 곤경에 처했다는 것이고, 다른 한편으로는 그가 하나님 나라에 들어갈 가능성이 열려 있다는 것이다.

### 낙타가 바늘구멍에 들어갈 수 있을까

예수께서 부자가 하나님 나라에 들어가는 것을 낙타가 바늘구멍에 들어가는 것으로 비유하신 데에는 특별한 의미가 있다. 자신이 바늘구멍을 통과할 수 없다는 사실을 잊은 채 그 구멍으로 들어가려는 낙타처럼 부자는 예수께 나아와서 영생에 관해 물을 만큼 그 구멍으로 들어가려 애쓰고 있다. 우리도 이와 비슷하지 않을까? 우리도 행복, 자유, 평화를 향해 가려고 얼마나 애를 쓰는가? 그런데 우리 역시 부자처럼 바늘구멍으로 들어가려고 발버둥치고 있는 것은 아닐까? 예수께서는 그 부자가 하나님 나라에 들어가려고 애쓰고 있음을 아셨다. 그러나 그가 들어가려는 구멍을 잘못 선택하였기 때문에 하나님 나라에 들어갈 수 없다는 것도 주님은 아셨다.

예수께서 '부자'라는 말을 선택하신 것에 주목할 필요가 있다. 부자는 많이 갖고 있는 사람이다. '많이 갖고' 있으면 무엇이 문제일까? '많이 갖고' 있는 것과 '나'를 동일시하는 것이 문제이다. 많이 갖고 있는 것과 나의 정체성을 동일시함으로써 진정한 나를 잃어버리는 것이다. 우리는 이렇게 생각할지 모른다. '나는 부자가 아니야. 갖고 있는 것도 별로 없어.' 그러나 우리는 모두 마음의 부자이다. 우리의 마음에는 갖고 싶은 것, 자랑하고 싶은 것, 보고 싶은 것, 누리고 싶은 것, 높아지고 싶은 것들이 가득하다. 이 모든 것을 가지지 못하기 때문에 좌절감, 열등감, 절망감, 걱정, 분노, 슬픔이 양산된다. 끊임없이 소용돌이치는 욕망과 감정들 때문에 우리의 주의(注意)가 계속 분산되고 넘쳐나는 나머지 참된 나는 상실되어 버린다. 한병철은 이를 과잉 주의(過剩 注意 hyperattention)라고 부른다. 과잉 주의 때문에 우리가 진정 좋은 삶에 대한 관심을 잃어버렸다는 것이다. 그는 심지어 좋은 삶은 심심함에서 온다고 말한다. 성경은 마음이 가난한 자가 복이 있으며 하나님 나라가 그들의 것이라고 말한다(마 5:3). 심심함이란 가난한 마음의 다른 표현일지도 모른다. 우리는 심심할 줄을 모른다. 아니, 정지할 줄을 모른다. 그 부자처럼 우리는 근심하며 방황한다. 발밑에 숨겨져 있는 보화를 보지 못하고.

### 거짓된 나는
### 내가 만든 환상이다

이처럼 마음속에서 소용돌이치는 욕망, 그리고 그 욕망이 좌절됨으로써 일어나는 슬픔, 분노, 절망, 열등감 등을 우리는 '나'라고 생각한다. '나'는 욕망하고 '나'는 실패한다. '나'는 낙오자이다. 이 '나'가 진정 나일까? 실상 이 '나'는 환상이다. '거짓된 나'이다. 그렇다고 욕망들이 거짓되거나 감정들이 거짓되다는 뜻은 아니다. 그것들은 나의 부분적인 진실을 표현한다. 그런데 우리는 보통 그 부분적인 진실이 나의 진실의 모든 것인 양 착각한다. 그렇기 때문에 거짓된 것이다. 부분적인 것을 놓지 못하는 착각의 밑바닥에는 집착과 자기방어가 있다. 집착은 욕망과 감정에 매달리는 것이고 자기방어는 자기를 꽁꽁 싸서 열지 못하는 것이다. '나'를 잃어버릴까 봐 매달리고 '나'를 잃어버릴까 봐 열지 못한다.

### "나를 잃어버려도 좋아"

바로 여기에서 예수님이 우리를 초대하신다. "수고하고 무거운 짐 진 자들아 다 내게로 오라 내가 너희를 쉬게 하리라. 나는 마음이 온유하고 겸손하니 나의 멍에를 메고 내게 배우라 그리하면 너희 마음이 쉼을 얻으리니 이는 내 멍에는 쉽고 내 짐은 가벼움이라 하시니라(마 11:28~30)." 예수님이 말씀하시는 쉬운 멍에와 가벼운 짐은 무엇일까? "무릇 사람이 할 수 없는 것을 하나님은 하실 수 있느니라"는 말씀은 무슨 뜻일까? 사실 예수님은 '나'를 잃어버리기 두려워하는 우리에게 '나'를 잃어버리라고 초대하신다. 아니, "나를 잃어버려도 괜찮아"라고 말씀하신다. 어쩌면 "나를 잃어버리는 게 더 좋아"라고 말씀하시는지도 모른다. '나'를 잃어버려도 된다면, 더 이상 집착할 것도 없고 또 '나'를 열기를 두려워하지 않을 것이다.

나를 잃어버려도 좋다고 결정하는 것이 믿음이다. 나를 잃어버리라는 예수님의 초대에 담대하게 응하는 것이다. 예수님이 말씀하시는 멍에와 짐이란 이 용기를 말하는 것인지도 모른다. 그 멍에와 짐이 그리 쉽고 가벼운 것은 아니다. 나의 모든 것을 포기하는 것처럼 보이기 때문이다. 그런데 왜 예수께서는 쉽고 가볍다고 하셨을까? 여기에 믿음의 역설(逆說 paradox)이 있다. 믿음의 신비는, 나를 잃어버리기로 결단하고 나서, 이상하게도 새로운 나를 다시 얻는 경험을 하는 것이다. 새로운 나를 얻고 나면, 그 전에 지고 살던 멍에와 짐이 엄청나게 무거웠다는 사실을 새삼 깨닫는다. 그제야 나를 잃어버리라는 예수님의 권고는 쉽고 가볍게 느껴지는 것이다. 그 '거짓된 나'를 내려놓고 나서야 진정한 쉼을 경험하기 때문이다. 한병철이 말하는 '태평한 무위(無爲)'는 예수님이 말씀하시는 쉼의 다른 표현일지도 모른다.

    거짓된 나로서는 하나님 나라에 들어갈 수 없다. 거짓된 나를 가지고 아무리 행복하려고 해도, 아무리 안정을 찾으려 해도, 아무리 완전하려고 해도, 신기루처럼 사라져버린다. "사람이 할 수 없는 것"이다. 자신이 낙타인 줄도 모르고 바늘구멍으로 들어가려고 하는 것이다. 거짓된 나가 나의 전부인 줄 알고 있기 때문에 그것을 내려놓을 수 없는 것이다. 그것을 내려놓을 가능성은 예수님의 초대에 있다. 예수님은 우리를 바늘구멍과는 비교할 수 없는 넓은 공간으로 초대하신다. 그 넓은 공간에 들어가서야 우리는 비로소 낙타 같은 거짓된 나를 내려놓을 수 있다. 그곳은 하나님의 공간이다. 기도란 바늘구멍 같은 세상을 바라보던 눈을 감고 하나님의 넓은 공간 안으로 들어가는 것이다. 예배란 근심하고 방황하는 발걸음을 정지하고 하나님의 신비한 공간 안으로 초대받는 것이다. 그 공간은 무위(無爲)의 공간이다. "사람이 할 수 없는" 곳이고 사람이 하지 않는 곳이며, "하늘에서 네게 보화가 있으리라"는 예수님의 축복이 있는 곳이다. 사람이 할 일이란 그저 걸음을 멈추고 예수님의 초대에 응하는 것이다.

## 타락의 덫이거나 축복의 기회이거나

### 인류가 경험해온
### 문화의 양면성

문화는 사람의 선택인 동시에 하나님의 창조 과정의 일부이다. 하나님을 거역하여 에덴 동산을 떠나는 아담과 하와에게 하나님은 "가죽옷을 지어" 입히신다(창 3:21). 문화의 시작은 에덴 동산을 떠나는 것과 관련된다. 이처럼 문화는 양면성을 가지고 있다. 한편으로, 문화는 사람의 독자적 창조의 영역이기에 그 속에는 하나님으로부터의 분리 가능성이 언제나 숨어있다. 바벨탑이 그 전형적인 예이다. 다른 한편으로, 문화는 하나님의 창조와 구속의 역사가 이루어지는 장(場)이기도 하다. 아브라함은 목축(牧畜)의 삶 속에서 하나님의 부르심과 축복을 받았고, 다윗과 솔로몬 왕국에서 꽃핀 문화는 성서에서 하나님 나라의 한 상징으로 언급되어 왔다. "하나님이 세상을 이처럼 사랑하사(요 3:16)." 예수 그리스도는 인간 문화의 옷을 입으시고 인간 역사의 현장으로 들어오셨다. 이처럼 문화는 사람에게 위험한 타락의 가능성인 동시에 부르심과 축복의 기회이기도 하다.

지금까지 인류가 경험해온 문화는 모두 덫과 기회를 동시에 갖고 있다. 바벨탑을 지은 사람들에 대하여 성서는 이렇게 적는다. "서로 말하되 자, 벽돌을 만들어 견고히 굽자 하고 이에 벽돌로 돌을 대신하며 역청으로 진흙을 대신하고, 또 말하되 자, 성읍과 탑을 건설하여 그 탑 꼭대기를 하늘에 닿게 하여 우리 이름을 내고 온 지면에 흩어짐을 면하자(창 11:3~4)." 이 문화는 견고하게 집을 짓는 기술을 갖고 있었다. 그리고 도시를 건설하여 함께 모여 사는 방법을 알고 있었다. 그런데 이렇게 국가를 만들면서 사람들 사이에서 불평등, 억압, 폭력, 전쟁 등의 죄악들도 함께 생겨났다. 문화는 기회인 동시에 덫인 것이다.

### 돈 없이도 자유를 누릴 수 있을까?

한병철이 말하는 규율사회와 성과사회는 서로 다른 문화로서 서로 다른 기회와 덫을 갖고 있다. 규율사회에서 사람들은 대체로 사회에서 정해주는 길을 따라 살면 되기 때문에, 어떻게 살 것인가에 대해 크게 갈등할 필요가 없다. 그 대신 개인에게 주어지는 선택의 폭은 좁다. 성과사회는 이와 반대이다. 개인에게 주어지는 선택의 폭이 넓은 대신에, 대부분의 사람들은 실패감을 가진 낙오자로 전락하기 쉽다. 성공적인 성과를 내서 자율성을 실현한 것처럼 보이는 사람은 많지 않기 때문이다. 규율사회에서는 낙오자들이 그리 많지 않아 보일 수 있다. 대부분의 사람들이 사회에서 주어진 역할과 방식을 따라 살기 때문이다. 그러나 이러한 사회에서는 상대적으로 개인이 자유로운 선택의 가능성을 많이 갖지 못한다.

규율사회에서 성과사회로 바뀌어가는 것이 우리에게 정말 좋은 일일까? 한마디로 답하기 어렵다. 사람들은 말한다. 성과사회의 진정한 수혜자는 구글이나 아마존 같은 세계적인 대기업들이며, 일반인들은 그 기업들의 상술과 소비주의의 마수에 사로잡힌 사람들이라고. 그리고 이 대기업들의 소비주의를 부추기기 위해 현대 사회는 규율사회의 규범과 제도를 무너뜨렸으며, 사람들은 무한한 자유를 누릴 것 같은 소비주의의 환상에 내몰린 것이라고. 이 말이 맞을지도 모른다. 이 소비주의의 환상이 바로 오늘 우리 사회의 덫일 수도 있다. 그러나 한편으로 우리 개개인에게 이전보다 자율적인 선택의 폭이 넓게 주어진 것은 사실이다. 하지만 돈이 없으면 그 자율적인 선택의 자유가 무슨 소용이 있냐고 반문할지 모른다. 돈이 없으면 진정 자율적인 선택이 불가능한 것일까?

### 악마에게 팔린 방앗간집 딸 이야기

한 민담을 살펴보자.[3] 이 민담은 독일에서 수집된 것이지만, 유사한 이야기가 세계의 여러 곳에서 발견된다고 한다.

> 한 방앗간 주인이 있었는데, 점점 가난해진 그에게 남은 거라곤 방앗간과 커다란 사과나무 한 그루뿐이었다. 어느 날 그가 나무를 하러 숲으로 들어갔을 때, 처음 보는 노인이 그에게 다가와 말했다. "나무를 찍느라 그렇게 고생할 게 뭐 있는가? 당신의 방앗간 뒤에 서 있는 걸 나에게 주겠다고 약속하면 내가 당신을 부자로 만들어줄 텐데." 방앗간 주인은 방앗간 뒤에 있는 거라면 사과나무밖에 없다고 생각했기 때문에, 그 제안에 응해 계약서를 썼다. 그러자 노인은 음흉하게 웃으며 "3년 후에 와서 그걸 가져가겠어"라고 말했다.
> 방앗간 주인이 집에 도착하자마자 아내가 물었다. "여보, 우리 집을 가득 채운 저 보물들이 어디서 왔나요? 갑자기 서랍과 벽장이 가득 찼는데, 집으로 그걸 가져온 사람은 없었어요. 어떻게 된 일인지 모

---

[3] 마리-루이제 폰 프란츠, 박영선 옮김, 『민담 속의 여성성』 (서울: 한국융연구원, 2020), 115~122.

르겠어요."

방앗간 주인이 대답했다. "그것은 숲에서 만난 노인에게서 온 거라오. 그가 큰 부자가 되게 해주겠다고 약속해서, 대신 나는 방앗간 뒤에 있는 것을 주기로 했다오. 우리는 그 사과나무 없이도 잘 살 수 있으니까."

"아! 여보, 당신이 만난 그 사람은 악마예요. 그는 사과나무가 아니라 우리 딸을 노린 거라고요. 그 아이가 방앗간 뒤에서 마당을 쓸고 있었단 말이에요." 아내가 소리쳤다.

방앗간 주인의 딸은 아름답고 신앙심 깊은 처녀였다. 그녀는 3년 동안 하나님을 섬기며 죄짓지 않고 살았다. 악마와 약속한 날이 다가오자 그녀는 깨끗이 목욕을 하고 자기 주위에 백묵으로 원을 그렸다.

악마는 정해진 날에 도착했지만 그녀에게 가까이 다가갈 수 없었다. 격분한 그는 방앗간 주인에게 말했다. "당신 딸이 물에 얼씬도 못 하게 해. 그 애가 물로 씻으면 난 그녀에게 힘을 쓸 수가 없으니까." 방앗간 주인은 무서워서 시키는 대로 했다.

그러나 다음 날 아침 악마가 왔을 때, 소녀가 울면서 흘린 눈물이 손에 떨어져 손이 깨끗했다. 다시 한번 그녀에게 다가갈 수 없게 되자 그가 화를 내며 말했다. "그녀의 손을 잘라버려. 그렇지 않으면 내가 그녀에게 갈 수 없단 말이야." 방앗간 주인은 겁에 질려 말했다. "어떻게 내가 내 딸의 손을 자를 수 있겠습니까?" 악마는 "당신이 그렇게 하지 않으면 당신이 내 것이 되는 거지. 대신 당신을 데려가겠어!"라며 그를 협박했다.

아버지는 무서워서 그가 하라는 대로 하겠다고 약속했다. 그는 딸에게 가서 말했다. "얘야, 내가 만일 네 손을 자르지 않으면, 악마가 나를 데려간다는구나. 무서워서 그러겠다고 약속했단다. 이 끔찍한 곤경에서 나를 좀 도와주려무나. 그리고 너에게 못된 짓을 하는 나를 용서해다오."

"사랑하는 아버지, 아버지 뜻대로 하세요. 전 아버지 딸이니까요." 그녀가 대답했다. 그녀는 손을 앞으로 내밀었고 아버지가 두 손을 잘랐다.

악마가 세 번째 찾아왔으나 소녀가 눈물을 너무 많이 흘렸기 때문에 양손이 잘려나간 자리가 깨끗했다. 그는 그녀를 포기할 수밖에 없었고 그녀에 대한 힘을 완전히 잃었다.

방앗간 주인은 그녀에게 말했다. "딸아, 너로 인해 부자가 되었으니 일생 내내 너 하고 싶은 대로 다 하게 해주겠다." 그러나 그녀는 대답했다. "나는 여기 남아 있을 수 없어요. 나는 세상으로 나가 방랑할 거예요. 자비로운 사람들이 내게 필요한 걸 공급해줄 거예요."

그녀는 두 팔을 등 뒤에 묶어 달라고 하고는 해 뜰 무렵 집을 떠나 저녁이 될 때까지 온종일 걸었다.

이어지는 이야기를 요약하면 다음과 같다. 소녀는 왕궁의 뜰에 가게 되는데, 천사의 도움을 받아 그 뜰의 배나무에서 배를 따먹는다. 이로 인해 그녀는 왕을 만나고 왕비가 된다. 그런데 그녀는 악마의 모함을 받아서, 그녀가 낳은 아들과 함께 왕궁을 떠나게 된다. 그녀는 숲속을 방황하다가, '여기에서 모두가 자유롭게 살기를'이라고 문패가 걸린 작은 오두막을 발견한다. 천사의 돌봄을 받으며 7년을 보내는 동안 그녀의 두 손은 새로 자라나 회복된다. 왕은 그녀를 7년 동안 찾아 헤맨 끝에 오두막에서 그녀와 재회한다.

융(C. G. Jung)의 관점으로 민담을 해석하는 폰 프란츠(Marie-

Louise von Franz)는 이 이야기에서 크게 세 가지를 지적한다.[4] 첫째, 방앗간 주인은 가난을 통해서 삶의 진실을 만날 수 있는데도 그것을 외면하고 부(富)를 위해 생명을 파는 사람을 상징한다. 둘째, 딸은 아버지에 의한 희생자로서 방랑과 고독을 통해 인격과 삶의 성숙으로 나아가는 여성을 상징한다. 셋째, 소녀가 받은 천사의 도움은 종교적 체험을 상징하는데, 이는 회복과 성숙의 과정에 꼭 필요하다.

## 자본주의가 깔아놓은 덫

방앗간 주인은 자본주의의 덫에 걸린 거짓된 나의 상태를 잘 보여준다. 그에게 물질적 궁핍함은 거짓된 나의 영적 가난을 직면할 기회일 수 있었다. 그러나 그는 자신에게 남은 생명의 가능성을 상징하는 사과나무와 딸을 팔아넘기고 다시 물질적 부(富)를 유지하려고 한다. 결국 그는 더 극심한 영적인 가난을 겪으며 파멸의 길로 가게 된다. 방앗간은 농경사회에서 기술과 편리성을 상징한다. 방앗간은 노동의 수고를 덜어주고 편리하게 곡식을 찧어준다. 그럼으로써 방앗간 주인은 부자가 될 수 있지만, 땀 흘리는 노동의 가치를 외면한 채 부(富)를 축적한다는 어두운 측면을 내포한다. 자본주의 문화는 우리에게 새로운 많은 것들을 가져다주었다. 개인의 자유는 확장되고 생활은 매우 편리해졌다. 이는 개인들에게 기회이다. 그러나 한병철이 말하듯이, 성과사회의 소비주의적 환상은 개인들을 거짓된 나의 덫으로 몰아가고 있다. 방앗간은 어찌 보면 거대한 자본주의의 덫을 상징한다.

---

4 | 위의 책, 122~148.

그의 딸은 이 덫의 희생자이다. 방앗간 주인의 딸은 악마에게 팔린 신세가 되어, 이제 안정된 가정과 행복한 미래를 잃어버리고 말았다. 오늘을 살아가는 우리도 모두 이 덫의 희생자일지 모른다. 자본주의가 만들어준 거짓된 환상에 팔려, 우리의 내적 진실과 진정한 미래를 잃어버렸는지도 모른다.

## 소녀
### 새로운 길을 찾아 떠나다

여기에서 그 딸의 선택을 살펴보자. 그녀는 악마가 가져다준 온갖 보물에 마음을 빼앗기지도, 악마에게 팔려 가게 된 신세 때문에 절망에 빠지지도 않았다. 그녀는 자신의 내면의 진실과 신심(信心)을 지켰다. 그러자 악마는 그녀를 데려갈 수 없었다. 아버지 때문에 손이 잘렸지만, 그녀의 순수하고 깨끗한 눈물은 악마를 쫓아버렸다. 그녀의 진정한 여정은 이제부터 시작된다. 그녀는 부모에 의해 주어진 것들, 악마에 의해 주어진 재산과 부(富)를 모두 떠나 진정한 그녀의 것을 찾아 떠난다.

앞에서도 말했지만 성과사회에는 개인의 자율성 확장이라는 기회와 거짓된 나의 환상이라는 덫이 동시에 존재한다. 여기에서 개인의 참된 과제는 자신의 길, 자신의 삶, 진실한 나를 구성해가는 것이다. ㅂ씨의 딜레마는 사회가 주는 환상과 그것을 실현할 수 없는 자신 사이에서 오도 가도 못한다는 데 있다. 민담에서 방앗간 주인의 딸은 환상도 아니고 절망도 아닌 제3의 길의 여정을 과감하게 시작한다. 아버지는 "너 하고 싶은 대로 다 하게 해주겠다"고 권하지만 그녀는 이렇게 대답한다. "나는 여기 남아 있을 수 없어요. 나는 세상으로 나가 방랑할 거예요. 자비로운 사람들이 내게 필요한 걸 공급해 줄 거예요." 집은 그녀에게 거짓된 안정을 주고 욕망을 충족시켜줄 달콤한 유혹이다. 거기에서 그녀는 진정한 행복과 의미를 얻지 못할 것이다. 그녀는 자신의 진정한 삶의 의미와 새로운 손을 찾아 떠나는 여정을 시작한다. 그녀가 새로운 손을 얻는다면, 그것은 자유를 통해 실현한 참된 삶 곧 참된 자기가 될 것이다. 그 여정은 방랑이며 불안정한 미지의 길이다. 그러나 참된 길에는 신비한 축복이 함께한다는 것을 그녀는 기대한다. 두렵지만 한편으로는 믿음을 가지고 그녀는 발걸음을 내디딘다.

## 참된
## 나의 길

오늘의 시대에서 성숙함이 중요한 이유는 성과사회의 특징 때문이다. 성과사회는 규율 사회처럼 개인들에게 규범, 제도, 정해진 길을 주지 않는다. 한편으로 온갖 가능성을 열어주는 듯하지만, 그 가능성은 환상으로 채색되어 있고 사람들에게 피로감과 절망을 안겨준다. 성과사회에서 개인들은 환상 밑에 숨겨진 자신의 길을 찾지 않으면 안 된다. 진정 자신의 길에 서 있지 않으면, 개인은 온갖 비교 대상과 유혹에 휘둘려 길을 잃은 채 우울한 낙오자가 될 수밖에 없다. 우리를 유혹하는 욕망, 그리고 우리를 절망에 빠뜨리는 감정들을 조용히 성찰하고 내면의 미세한 소리에 귀를 기울여야만, 우리는 자신의 길을 찾고 성숙함을 향해 나아갈 수 있다. 강한 바람 속에도, 지진 속에도, 불 속에도 하나님으로부터 오는 소리는 없었다. "세미한 소리" 속에서 엘리야는 하나님의 음성을 듣는다(왕상 19:12). 세상의 시끄러운 소리들 때문에 하나님의 보화, 하나님의 음성은 나의 깊은 내면에 숨겨져 있다. 나의 진실한 내면에서 들려오는 하나님의 소리에 귀를 기울이며 참된 나, 참된 길,

참된 삶을 발견하고 구성해가는 일이 성숙함의 과정이다.

민담에 나오는 딸의 여정에서 우리는 중요한 점을 발견할 수 있다. 그녀는 중요한 순간마다 안주와 후퇴를 선택하지 않고 참된 성숙의 여정을 향해 앞으로 나아간다. 그리고 그때마다 천사의 도움을 받아 어려움을 이기고 치유와 성숙을 경험한다. 폰 프란츠는 천사의 도움을 종교 체험이라고 해석한다. 개인의 결단과 그에 따르는 신비적 도움은 성숙함을 향한 여정에서 발견되는 두 가지 중요한 요소이다. 개인은 안주와 후퇴인가, 아니면 진실과 전진인가의 사이에서 늘 결단해야 한다. 개인이 결단하지 않으면 참된 여정은 시작되지 않으며 신비로부터의 도움 또한 침묵을 지킨다.

## 마음속 밑바닥에서 우러나오는 기도

ㅂ씨는 지인을 통해 한 기독교상담사를 만났다. 상담사는 그녀에게 침묵기도를 권유하였다. 처음에는 쉽지 않았지만 조금씩 익숙해지면서 그녀는 점차 생활 속에서 정지하는 것을 배우게 되었다. 그녀는 자신이 외부의 소음과 내면의 감정에 얼마나 휘둘리고 있는지 그리고 자신의 마음이 얼마나 분산되어 있는지 알게 되었다. 침묵기도 속에서 그녀는 타인의 말과 자신의 감정에 사로잡히지 않으려고 노력하며 그것들을 있는 그대로 바라보는 연습을 하였다. 이 과정은 무척 힘들었다. 누군가에게 스트레스를 받거나 부정적인 감정이 올라오면 마음은 다시 출렁이고 이전의 우울과 절망에 빠져버리곤 하였다. 그러나 마음의 중심을 찾고 싶은 열망이 있었기에 그리고 기도를 통해 얻는 좋은 경험들이 있었기에 그녀는 이 과정을 잘 지나갈 수 있었다.

이러한 기도는 계속되는 과잉 주의(過剩 注意 hyperattention)에 의해 혼란스러워진 마음의 움직임을 정지하는 것이다. 이 기도에는 두 가지 핵심 요소가 있다. 하나는 마음속에서 들려오는 소리 또는 마음속에서 일어나는 감정들을 있는 그대로 바라보는 것이다. 그 어떤 것도 판단하거나 억압하거나 회피하지 않는다. 다른 하나는 그러한 소리나 감정에 사로잡히거나 휘둘리지 않게 스스로 유지하는 것이다. 위의 두 가지는 우리의 생활 습관과 매우 다르다. 우리는 우선 타인들에게 들려오는 소리에 쉽게 휘둘린다. 그리고 우리 내면에서 일어나는 갖가지 감정에 쉽게 사로잡힌다. 그래서 우리는 그러한 소리나 감정을 나쁘다고 판단하거나 내쫓으려고 노력한다. 그러나 이 기도는 외부의 소리나 내부의 감정에 대해 아무런 판단도 하지 않고 쫓아내려고도 하지 않는다. 단지 그것들이 일어나는 것을 받아들이고 있는 그대로 바라보려고 의도한다. 그리고 동시에 그 모든 것에서 한 걸음 물러선다. 이렇게 하는 것은 마음속에서 일어나는 것들을 있는 그대로 알아차리는 데 도움이 되며, 동시에 그것들에 매몰(埋沒)되지 않도록 돕는다. 이러한 노력을 지속할 때, 우리는 마음의 소리와 감정 너머에 있는 내면의 중심으로 접근한다. 그 중심은 마치 깊은 바닷속처럼 고요하고 광대하다. 이로써 우리는 거짓된 나의 환상 너머에 있는 참된 나를 향해 나아간다.

  ᄇ씨는 침묵 기도를 몇 개월 지속하면서 변화를 경험하기 시작했다. 주변에서 여러 가지 일로 스트레스를 받지만, 전처럼 그것들 때문에 에너지를 많이 낭비하지 않았고, 스트레스를 보다 쉽게 흘려보낼 수 있었다. 이전에는 감정 기복에 따라 생활이 많이 좌우되기도 하고, 욕망과 현실의 괴리에 의해 좌절과 우울에 빠지는 경우가 많았는데, 감정 기복이 점차 줄어들기 시작했다. 우선 순위를 정하여 생활하는 것을 시도하면서, 하루하루의 삶에 보다 충실해졌고 그만큼 좌절감도 줄어들었다. 운동을 꾸준히 하면서 보다 편하게 잠들었다.

그녀의 예배 경험도 점차 되살아났다. 그녀는 교회에서 다른 이들이 아닌 자기 자신에게 보다 더 집중하기 시작했다. 그녀는 내면의 중심으로부터 하나님을 향해 예배하고 기도하려고 의식적으로 노력하였다. 그러자 마음에 담아두었던 좌절감, 절망감, 우울, 분노 등의 감정이 쏟아져 나왔다. 예배드릴 때 그리고 혼자 기도할 때 눈물이 흐르는 것을 종종 경험하였다. 내면의 깊은 감정들을 하나님 앞에 쏟아놓기 시작하면서 마음이 조금씩 가벼워지는 것을 경험하였다. 하나님이 보다 가까이 계시다고 느끼게 되었고, 걱정이나 소원에 대하여 보다 자유롭게 하나님과 대화하는 자신을 발견하였다. 예배와 기도를 통해 마음의 힘을 얻고 있음을 확실히 경험하였다.

그녀는 현재 공부하고 있는 상담 대학원 과정에서 보다 분명하게 의미와 비전을 발견하였다. 지금 얻고 있는 것이 무엇이고 앞으로 무엇을 하기 원하는지 점차 분명하게 마음에 그려지기 시작했다. 삶의 우선 순위가 점차 명확해지면서, 타인의 기대나 타인의 모습에 의해서 그리 심하게 흔들리지 않는 자신을 발견하였다. 자신의 필요와 욕구에 관심을 기울이기 시작하였고, 생활을 단순하게 만들려고 노력하였다.

ㅂ씨의 삶에서 무언가 외적으로 해결된 것은 아직 없을지 모른다. 그러나 그녀의 내면에서는 진정한 변화가 시작되었다. 오늘날의 성과사회에서 살아가면서 얻은 피로감, 탈진, 자기 상실 등에서 점차 벗어나고 있다. 방앗간집 딸처럼 내면의 보물을 찾아가는 여정을 시작하였다. 거기에는 참된 자유와 참된 나의 비전이 있다. 그 여정은 미지의 길이고 겉보기에 화려하지 않지만, 하나님의 신비스러운 도움이 언제나 함께한다.

피로사회

3) '나'는 누구인가

o 뒷전으로 미뤄둔 나의 마음

　　　　　　많은 젊은이들이 자기를 부인하라는 예수님의 말씀에 대해 고민한다. 자기를 부인하고 나서 나는 어떻게 되는 것인가? 내가 없어진다는 것이 무엇을 의미하는가? 이에 관해서는 진지한 고찰이 필요해 보인다.
　　　한 남성의 이야기를 살펴보자.

　　ㄴ씨는 현재 30세로서 기독교 선교단체 간사로 일한다. 그는 대학에 입학하자마자 선교단체에 가입하여 대학 생활 내내 헌신적으로 활동하였다. 대학을 졸업하면서 일반 직장에 취직할까 고민도 했지만, 하나님에게서 멀어질지 모른다는 두려움에 선교단체 쪽으로 진로를 정하였다.
　　그리고 친구의 소개로 한 여성을 사귀기 시작하였는데, 이와 관련하여 스스로 갈등을 겪고 있다. 그녀는 교회에 다니기는 하지만, ㄴ씨의 기대만큼 헌신적인 신앙인은 아닌 것 같다. 그리고 두 사람이 만날 때 그녀가 보이는 행동이나 기대는 종종 ㄴ씨를 두렵게 한다. 그녀는 카페나 영화관 등 연인들이 즐길 수 있는 곳에서 함께 많은 시간을 보내기를 원한다. ㄴ씨도 그런 시간이 좋기는 하지만, 마음 한편으로는 '하나님에게서 멀어지지 않을까' 하는 두려움 때문에 늘 불편하다. 그는 그녀와의 갈등을 최대한 피하려고 노력한다. 왜냐하면 그녀와의 갈등은 그가 경험한 부모의 갈등을 기억하게 만들기 때문이다. 그의 부모는 그가 기억하는 한 늘 서로 싸웠다. 결국 13세 되던 해에 아버지는 집을 나갔고 그와 그의 동생은 엄마와 남았다. 그는 홀로 남겨진 엄마의 고통을 감지하였다. 엄마는 종일 일을 해야 했기 때문에, 남동생과 그는 대부분의 시간을 엄마 없이 지냈다. 그는 힘들었지만 불평하기는커녕 동생을 돌봐야 했고 엄마를 위한 저녁도 준비해놓아야 했다. 엄마는 그를 많이 의지했고 때로는 눈물 흘리며 힘든 일을 털어놓기도 하였다. 하지만 정작 그는 힘든 일이 있어도 자기 때문에 엄마가 속상해할까 봐 말하지 않았다.

그의 삶에서 자신의 욕구나 감정은 관심 밖이었고, 사람들이 그에게 기대하는 것과 상황이 그에게 필요로 하는 것이 우선이었다. 고등학교 때부터 나간 교회는 안식처였다. 교회는 그에게 필요한 관계를 제공해주었고 해야 할 일들을 말해주었다.

그는 사귀는 여성을 진심으로 좋아하였다. 그러나 그녀와의 결혼을 생각하면 불안했다. 그녀를 향한 마음이 깊어질수록 하나님에게서 멀어질까 봐 두려웠다. 그는 결국 선교단체의 상담가에게 상담을 요청하였다.

## 갑자기 어른이 된
## 아이

ㄴ씨에게는 어릴 적부터 자기를 부인하는 것이 자연스런 삶의 일부였다. 그가 처한 상황은 자신이 원하는 것, 자신이 하고 싶은 것, 자신이 말하고 싶은 것에 관심을 가질 수 없게 만들었다. 너무나 고통스러워하는 엄마, 연약한 동생, 열악한 삶의 상황은 마음씨 착한 그가 자신의 관심사들을 무시한 채 남들을 위해 살도록 만들었다. 이런 식의 자기 부인으로 어려운 상황에 놓인 다른 이들에게 도움을 주며 살았다. 그래서 아버지가 떠난 후 남겨진 ㄴ씨의 가족은 그의 희생을 통하여 어느 정도 안정을 유지할 수 있었다. 그러나 여기에는 심각한 문제가 내포되어 있다.

ㄴ씨가 13세라는 제 나이에 맞는 자연스러운 욕구나 감정을 무시함으로써 그는 우리가 흔히 말하는 '조숙한' 아이가 되었다. 주변 환경의 필요에 부응하는 과정에서 아이는 조숙해질 수 있다. 그런 경우 갑자기 어른의 역할을 맡게 됨으로써 아이로서의 자연스러운 인격 발달은 정지될 수 있다. 장난도 치고 떼도 쓰고 혼도 나면서 점차 자기 표현과 자기 절제를 배우는 것이 일반적 발달의 과정이다. 그런데 갑자기 조숙해지면 아이의 자연스러운 '나'는 발달이 정지되고 깊이 숨어버린다.

## 아이의
## 자연스러운 '나'

아이의 자연스러운 나가 인격적으로 얼마나 중요한 자산인지 우리는 종종 간과한다. 놀고 장난치고 떼쓰고 재롱부리고 사랑받는 아이의 마음은 사실 어른의 인격의 기초가 된다. 마음으로부터 자연스러운 자기 표현의 능력이 자라고 건강한 자기 이해(자존감)가 정착되기 때문이다. 그런데 ㄴ씨는 그러한 아이의 마음을 받아들이고 표현할 수 없었다. 그로 인해 적어도 두 가지 결과가 생긴다. 첫째, 자기 자신의 건강한 욕구와 감정을 받아들이고 표현하는 데 어려움을 가진다. 오히려 자신의 감정과 욕구를 존중하고 표현하는 것에 죄책감을 느낀다. 둘째, 외부에서 규정하는 도덕적 기준에 자기를 맞추는 데 큰 노력을 기울인다. 그 기준에 맞추지 못하면 또다시 죄책감에 시달린다.

### 누군가가 정해주는 삶

ㄴ씨가 지내온 그 이후의 삶에서 이러한 모습이 드러난다. 그는 자신을 내어주고 헌신하게 되어 있는 삶의 구조를 편안하게 느낀다. 고등학교 시절의 교회 그리고 대학 생활 이후 선교단체는 그에게 편안함을 주는 곳이었다. 초점이 자신에게로 돌아오면 그는 어쩔 줄을 모른다. 왜냐하면 자기 자신의 욕구, 감정, 생각 등에 별로 관심을 가져본 적이 없기 때문이다. 선교단체 안에서의 삶은 철저히 외부에서 규정해주는 삶이다. 거기에서 자신이 하고 싶은 것, 원하는 것, 느끼는 것 등은 오히려 부정적으로 여겨지기 쉽다. 그는 구조가 정해져 있는 삶에서 안정감을 느낀다. 그러나 그러한 생활에서 긍정적인 욕구와 감정을 활발히 경험하는 것은 아니다. 그가 느끼는 감정은 주로 두려움, 불안, 죄책감 등 부정적인 것들이다. 이러한 감정들을 외면하기 위해 열심히 활동하고 헌신한다.

사귀는 여성과의 관계에서 이 문제가 명백히 드러난다. 그가 여성에게 느끼는 감정은 자연스럽고 진실한 감정이다. 그런데 자신의 감정에 초점을 맞추는 순간 그는 두려움을 느낀다. 그의 자연스러운 욕구와 감정은 그에게 두려움과 불안을 준다. 자신의 욕구와 감정을 추구하면 자기가 사랑하는 사람들에게 상처를 주게 될 것이라고 상상한다. 무엇보다도 그의 욕구와 감정은 그에게 어린아이가 되어버린 것처럼 느끼게 한다. 어른스럽지 못하기 때문에 실수하거나 잘못할 것이라고 상상한다. 그리고 자신의 욕구와 감정은 그가 해야 할 사역이나 소명과 대립되는 것이라고 여긴다. 두려움 때문에 자신의 자연스러운 욕구와 감정을 진지하게 받아들이지 못한다. 예수께서 우리에게 자기를 부인하라고 하신 것은 이러한 두려움을 느끼도록 만들려는 것이었을까?

## 있는 그대로의 나를 보라

자기를 부인하라는 것은 예수께서 자신의 죽음과 부활을 제자들에게 예고하시면서 하신 말씀이다.

이때로부터 예수 그리스도께서 자기가 예루살렘에 올라가 장로들과 대제사장들과 서기관들에게 많은 고난을 받고 죽임을 당하고 제 삼일에 살아나야 할 것을 제자들에게 비로소 나타내시니 베드로가 예수를 붙들고 항변하여 이르되 주여 그리 마옵소서 이 일이 결코 주께 미치지 아니 하리이다 예수께서 돌이키시며 베드로에게 이르시되 사탄아 내 뒤로 물러가라 너는 나를 넘어지게 하는 자로다 네가 하나님의 일을 생각하지 아니하고 도리어 사람의 일을 생각하는도다 하시고 이에 예수께서 제자들에게 이르시되 누구든지 나를 따라오려거든 자기를 부인하고 자기 십자가를 지고 나를 따를 것이니라(마 16:21~24).

자기 부인에 관한 말씀은 예수께서 죽는다는 말에 놀란 베드로가 주님을 붙들고 항변한 것과 관련 있는 것이 분명하다. 베드로는 모든 것을 버리고 예수를 좇았다. 예수님과 함께 다니면서 그의 말씀을 듣고 또 그가 베푸시는 치유와 기적들을 보면서 베드로는 자신의 삶의 희망 그리고 이스라엘의 희망을 목도했을 것이다. 그런데 그가 죽다니! 이스라엘의 회복도 이루지 않고 죽다니! 그러면 모든 것을 버린 나는 어떻게 되는 건데! 베드로가 항변하지 않는 것이 오히려 더 이상한 일일 것이다. 그런데 예수님의 답변은 더욱 가혹하다. "사탄아 내 뒤로 물러 가라 너는 나를 넘어지게 하는 자로다 네가 하나님의 일을 생각하지 아니하고 도리어 사람의 일을 생각하는도다(마 16:23)." 베드로가 보았던 자신의 희망 그리고 이스라엘의 희망은 사람의 일이라는 것인가! 그런 생각은 예수를 넘어지게 할 수 있다는 것이다. 예수께서도 베드로의 희망이 곧 이스라엘 사람들 모두의 희망이라는 것을 아셨다. 로마 제국의 학대에서 이스라엘을 구하고 다윗 왕국의 평화와 번영을 회복하는 것은 당시 이스라엘 백성 모두의 염원이었다. 예수께서는 사람들의 간절한 염원을 아셨고 또 그렇게 되기를 바라시는 마음도 있었을 것이다. 어쩌면 예수님의 마음도 흔들렸을지 모른다. 그러나 이것은 사람의 생각이었다.

### 예수의 질문
### "나를 누구라 하느냐"

우리가 주목할 것은 위의 말씀 앞에서 있었던 사건이다. 21절의 "이때로부터"가 가리키는 그때는 예수께서 그리스도라는 정체성이 명확해진 때이다.

예수께서 빌립보 가이사랴 지방에 이르러 제자들에게 물어 이르시되 사람들이 인자를 누구라 하느냐 이르되 더러는 세례 요한, 더러는 엘리야, 어떤 이는 예레미야나 선지자 중의 하나라 하나이다 이르시되 너희는 나를 누구라 하느냐 시몬 베드로가 대답하여 이르되 주는 그리스도시요 살아 계신 하나님의 아들이시니이다 예수께서 대답하여 이르시되 바요나 시몬아 네가 복이 있도다 이를 네게 알게 한 이는 혈육이 아니요 하늘에 계신 내 아버지시니라 또 내가 네게 이르노니 너는 베드로라 내가 이 반석 위에 내 교회를 세우리니 음부의 권세가 이기지 못하리라 내가 천국 열쇠를 네게 주리니 네가 땅에서 무엇이든지 매면 하늘에서도 매일 것이요 네가 땅에서 무엇이든지 풀면 하늘에서도 풀리리라 하시고(마 16:13~19).

예수께서는 제자들에게 "나를 누구라 하느냐"라고 물으신다. 명확하게 '나'에 관해 질문하신 것이다. 베드로의 고백을 따라 예수께서는 '나는 그리스도이며 살아 계신 하나님의 아들'임을 명백히 하신다. 다시 말하면, 예수께서는 나의 정체성을 정확히 알고 계셨고 그 정체성을 제자들과 확실하게 공유하신 것이다.

### 자기를 부인하고
### 나로 사신 예수

예수께도 스스로 부인하신 자기가 있었을까? 만일 있었다면 그것은 무엇이었을까? 베드로를 비롯한 온 이스라엘이 기대하는 '자기', 즉 이스라엘 왕국의 왕으로서의 '자기'를 부인하신 것이 아닐까? "예수께서 그들이 와서 자기를 억지로 붙들어 임금으로 삼으려는 줄 아시고 다시 혼자 산으로 떠나 가시니라(요 6:15)." 예수께서 보리떡 다섯 개와 물고기 두 마리로 오천 명을 먹이시는 기적을 보고 사람들은 그를 왕으로 삼기를 원했다. 그러나 예수께서는 왕으로서의 자기를 부인하시고 혼자 산으로 떠나가셨다. 베드로와 제자들도 군중과 비슷하게 기대했을 것이다. 그리고 그들은 그 왕국에서 고위 관직을 차지하리라 기대했을 것이다. 어쩌면 예수께서는 이러한 기대를 가진 베드로의 '자기'를 부인하라고 말씀하신 것이 아닐까?

### 베드로
### 자기를 찾아가는 여정에 나서다

예수께서는 베드로가 자신의 정체성을 확실하게 인식하기를 원하셨던 것 같다. 부활하신 후 주님은 갈릴리 바닷가에서 제자들을 만나신다. 그들과 식사하시면서 주께서는 베드로에게 '나를 사랑하냐'는 질문을 세 번이나 반복해서 하신다. 그리고 '내 양을 돌보라'고 세 번 반복해서 말씀하신다. 예수께서 십자가에 달려 죽으시고 삼일 만에 부활하셔서 제자들 앞에 나타나셨을 때, 예수의 '나'가 누구인지는 제자들에게 확실해졌다. 그는 이 땅의 왕국에서 권세를 부리는 왕이 아니었다. 인류를 구원하기 위해서 십자가에서 비참하게 죽으셨지만, 부활하셔서 인류를 영생과 하나님 나라로 이끄는 구세주가 바로 예수의 '나'임이 이제 제자들에게 명백해졌다. 주님은 명백해진 '나'를 사랑하냐고 베드로에게 도전하신다. 질문을 통해 주님은 베드로에게 그의 '자기'가 진정 누구인가를 확실히 알려주고 싶으셨던 것 같다. 명백해진 예수의 '나'를 사랑한다고 고백하는 것은 베드로의 '나'가 누구인지를 명백히 인식하는 것이다.

반복적 질문으로 베드로의 마음속에 있는 것 또한 반복하여 표현하게 하심으로써 주님은 그가 자발적으로 자신의 정체성을 향해 나아가기를 원하셨던 것 같다. 주님은 강요하거나 명령하기보다 부탁하고 설득하려는 태도를 취하신다. 사실 예수께서는 처음에 베드로를 부르실 때 이미 그의 새로운 정체성을 말씀하셨다. "나를 따라오라 내가 너희를 사람을 낚는 어부가 되게 하리라(마 4:19)." 이 말씀도 강요나 명령이라기보다는 초청이요 부르심이다. 그 후에 예수님은 베드로의 많은 실수와 실패를 지켜보시고 또한 기다리셨다. 그가 물고기를 낚는 어부로서의 '자기'에서 사람을 낚는 어부로서의 '자기'로 나아가는 과정을 지켜보셨다. 물론 예수님은 베드로를 가르치시고 도우셨지만, 그 과정은 엄연히 베드로의 자발적인 여정(旅程)이었다.

### 스스로 이해하면
### 자발적으로 행동한다

이 과정에서, 예수께서 베드로와 제자들에게 취하셨던 태도의 특징을 살펴볼 수 있다. 우선 예수님은 제자들뿐 아니라 누구에게도 강요하지 않으신다. 오히려 설득하고 이해시키려고 노력하신다. 비유를 통한 가르침은 이러한 예수님의 태도를 잘 보여준다. 생활에서 경험하는 것들을 통해 사람들이 하나님 나라에 관해 쉽게 이해하도록 도우신다. 우리는 이해가 되면 자발적으로 행동한다. 또한 예수님은 베드로의 여러 가지 실수와 실패를 용납하신다. 대표적인 것은 예수를 세 번 부인한 일이었다. 예수님은 이렇게 행동할 수밖에 없는 베드로의 약함을 이미 아셨고 그냥 내버려 두셨다. 억지로 막지 않고 기다리셨다. 그리고 나중에 세 번 질문하심으로써 베드로가 스스로 결정하기를 바라셨다. 예수께서 십자가에 달리신 것은 기다리시는 주님을 선명하게 보여준다. 주님은 왕이 되어 권력으로 사람들을 복종시키기를 원하지 않으셨다. 주님은 스스로 죽으심으로써 인류가 스스로 회개하기를 기다리신다. 지금까지도 기다리신다. 사람들이 자발적으로 회개하기를 기다리고 계신다. 예수님의 태도는 결국 사람들의 자발성(自發性)을 격려하시는 것이다. 사람들이 스스로 이해하고 스스로 결정하기를 원하시는 것이다. 물론 예수님은 단호한 태도 또한 보여주신다. 예수님은 자신이 누구인지 아셨고, 자신이 가는 길을 아셨고, 사람들에게 무엇을 가르쳐야 할지 아셨다. 그리고 주님은 아는 대로 말씀하시고 행동하셨다. 주님은 매우 주도적이고 자발적인 분이셨다. 그러면서도 끝까지 제자들과 사람들의 자발성을 존중하셨다.

### 끌려다니지 말고
### 주도적으로 행동하라

예수님과의 동행을 통해 베드로는 점차 변화의 과정을 밟았을 것이다. 예수께서 승천하신 후 그는 제자로서 자기 부인의 길을 갔으며 결국 순교하였다. 그런데 자기 부인의 태도와 관련하여 앞에서 언급한 ㄴ씨와 베드로를 비교해본다면 양자 사이에 어떤 차이가 있을까? 중요한 차이가 몇 가지 있다.

우선 ㄴ씨는 자연스러운 감정과 욕구를 억압하는 것을 자기 부인이라고 생각하는 경향이 있다. 그는 거의 언제나 타인의 요구를 자신의 감정과 욕구보다 우선적으로 고려한다. 과연 자기 부인이란 이러한 태도를 가리키는 것일까? 베드로는 자신의 욕구나 생각을 적극적으로 표현하는 사람이었다. 주께서 고난받으실 것에 대해 베드로가 항변한 것이 한 예이다(마 16:22). 베드로의 태도는 성령 세례를 받은 후에도 크게 달라지지 않았다. 그리고 예수님이야말로 타인의 요구에 단호하신 분이었다. 주님은 언제나 자신의 입장과 방향에 대해 주도적이셨으며, 이에 따라 타인의 요구를 판단하셨다.

자기 부인의 태도에 있어 ㄴ씨가 의존적이라면 베드로는 주도적이다. ㄴ씨에게 자기 부인의 기준은 대개 타인들이 어떻게 말하고 요구하는가에 달려 있다. 그러나 베드로에게 자기 부인의 기준은 자신과 상황을 스스로 평가하는 것에 달려 있다. 다시 말해 베드로가 자신의 정체성을 분명히 하고 그에 따라 자기 부인의 결정과 행동을 하였다면, ㄴ씨는 자신의 정체성을 추구하지 않는 것을 자기 부인이라고 생각한다.

또 한 가지 중요한 차이는 자기 부인의 동기이다. ㄴ씨에게는 기본적으로 두려움이 그 동기이다. 하나님의 뜻에 어긋날까 봐, 그래서 벌을 받을까 봐, 성경 말씀에 어긋날까 봐, 설교 말씀에 어긋날까 봐, 늘 두려워한다. 반면 베드로의 기본적인 동기는 열망(熱望)이 아니었을까? 하나님의 뜻을 이루고 하나님 나라를 세우고 예수님의 발자취를 따르기를 열망하였기에, 그에 부합하지 않는 자신의 좁은 생각이나 왜곡된 욕심을 버리려고 하였을 것이다.

결과는 중요한 차이를 가져온다. ㄴ씨에게 자기 부인의 결과는 순응(順應)이다. 그것은 외적으로 주어진 구조나 요구에 따르는 것이다. 거기에는 창조적 변화가 오기 어렵다. 베드로에게 자기 부인의 결과는 복음을 전파하며 하나님 나라를 세우는 창조적 사건이다.

## 나를 넘어 너를 보다

### 무조건적인 사랑이 나를 탄생시킨다

심리학자들은 '나'의 심리적 탄생에서 두 가지 중요한 요소를 말한다. 하나는 무조건적 사랑의 경험이고, 다른 하나는 적절한 좌절이다.[5] 이것은 보통의 엄마들이 아기를 키우는 모습을 보면 쉽게 알 수 있다. 보통의 엄마들은 아기가 태어나면 아기에게 집중한다. 자신이 좀 피곤하고 졸리더라도 아기가 울면 아기가 원하는 것을 해주려고 최선을 다한다. 아기에게 무조건적 돌봄을 베푸는 것이다. 엄마의 조건 없는 사랑을 받으면서 아기는 두 가지를 경험한다. 자기가 존재할 만한 가치가 있다는 경험, 그리고 세상 또는 타자(他者)가 신뢰할 만하다는 경험이다. 이 경험 속에서 아기의 '나'는 안정되게 자리 잡기 시작한다.

이 무조건적 사랑의 경험은 인격의 탄생에서 절대적이다. 사람의 인격은 무조건적 사랑의 자양분과 토대 위에 서는 것이다. 엄마의 무조건적 돌봄은 하나님의 무조건적 사랑의 모형(模型)이다. 즉 "하늘에 있는 것의 모형(히 8:5)"이다. "하나님이 사랑(요일 4:8)"이시라는 말씀은, 모든 존재의 기반이 사랑이고 모든 존재가 사랑 위에 세워져 있다는 사실을 가리킨다. 갓 태어난 아기를 바라보는 엄마의 눈에는 하나님의 무조건적 사랑의 눈빛이 담겨 있다. 그 사랑의 눈빛과 돌봄 속에서만 아기는 자기가 진정 누구인지를 안다.

---

[5] 이에 대해서는 위니캇(D. W. Winnicott)과 코헛(H. Kohut) 등이 잘 설명한다. 코헛은 '최적의 좌절(optimal frustration)'이라는 말을 사용한다.

사랑받는 나가 진정한 나이기 때문이다. 사랑받는 경험이 '나'의 기초이다.

### 적절한 좌절 덕분에
### 너를 발견한다

보통의 엄마들의 또 하나의 특성은, 아기가 자라서 기어 다니고 걷게 되면 점차 돌봄의 양과 질을 줄인다는 것이다. 이것은 아기를 사랑하지 않아서가 아니라, 아기가 자라면서 점점 독립적으로 되는 것을 기대하고 바라보기 때문이다. 아기가 조금 더 자라면 울어도 엄마가 바로 달려가지 않는다. 어느 정도 울게 내버려 둔다. 또 이것저것 달라는 대로 다 주지 않는다. 아기가 원한다고 다 되는 것이 아님을 일깨우는 것이다. 이러한 과정은 우리에게 지극히 상식적이다. 그러나 아기 입장에서는, 더 이상 자기가 원하는 대로 되지 않는 경험을 받아들이는 게 쉽지 않다. 아기 입장에서 그것은 좌절(挫折)이다. 때로는 매우 큰 좌절이다. 여기에서 중요한 것은 그 좌절이 너무 커서는 안 된다는 것이다. 보통의 엄마는 그것을 안다. 아기가 너무 오래 울도록 내버려 두지 않는다. 적당한 시간 안에 아기를 안아서 토닥거리고 위로해 준다. 아기는 마음이 상해 마구 울어대다가도 엄마의 따뜻한 위로 속에서 다시 안정을 회복한다. 엄마가 아기에게 주는 좌절은 지나치게 커서도 안 되고 지나치게 작아도 안 된다. 적절해야 한다.

적절한 좌절을 통해 아기는 두 가지를 경험한다. 하나는 지속적이고 안정적인 사랑이다. 좌절이 있지만 엄마는 여전히 아기 옆에 있고 아기의 필요에 대해 공감하며 반응한다. 무조건적인 돌봄은 여전히 지속되는 것이다. 좌절이 주는 또 하나의 경험은 자기 부인이다. 모든 것이 내 마음대로 되지는 않음을 받아들여야 하는 것이다. 내 마음대로 되지 않는 것이 왜 중요할까? 그것을 경험함으로써만 아기는 타자의 존재를 이해할 수 있다. 자기중심적인 존재에서 상호적인 존재로 나아가는 것이다. 이것은 위대한 과정이다. 자기 안에 갇힌 마음이 열려서 타자를 이해하고 존중하는 마음으로 확장되는 것이다. 성경에서 말하는 사랑의 태도가 여기에서 배양되기 시작한다. 다시 말하면 성숙한 사랑은 자기 부인의 경험을 통해서만 이루어진다. 거듭해서 강조하지만, 좌절이 '적절하다'는 의미는 무조건적인 돌봄과 사랑이 언제나 그 바탕에 깔려 있음이 전제된다. 무조건적인 돌봄과 사랑의 경험 위에서만, 아기는 좌절을 통해 사랑으로 나아갈 수 있다. 진정한 자기 부인은 무조건적인 돌봄과 사랑의 관계 안에서만 가능한 것이다.

### 해야 하는 것과
### 원하는 것의 딜레마

위의 사례에서 ㄴ씨는 10대 초반부터 어려운 환경에 처했다. 부모의 갈등과 이혼이라는 피폐한 상황 속에서 그는 자신의 감정과 욕구를 외면하고 상황의 필요에 헌신하며 살았다. 이혼한 어머니가 그에게 아픔을 하소연하였다는 것은, 그가 아이의 감정과 욕구를 묻어둔 채 오히려 엄마를 돌보는 어른처럼 살았다는 사실을 잘 보여준다. 아이로서의 자연스러운 감정, 욕구, 필요, 바람 등은 무시당한 채 깊이 억압되었다. 그에게는 '하고 싶은 것'보다는 '해야만 하는 것', '내가 느끼는 것'보다는 '다른 사람들이 원하는 것'이 우선이었다. 이처럼 자신의 감정과 욕구를 부인하고 다른 사람들을 위해 노력하는 삶을 살아왔으니, 그는 늘 다른 사람을 존중하는 삶을 살았다고 말할 수 있을까?

그는 여자친구가 이기적이라고 생각할 때가 많다. 그녀가 자연스러운 감정이나 욕구를 표현할 때면, 그는 그녀가 자기만 생각한다고 여긴다. 왜냐하면 그는 늘 '해야 하는 것'을 우선하는데, 그녀는 '자기가 원하는 것'을 하고 싶어 한다고 보이기 때문이다. 갈등을 피하기 위해 표현은 하지 않지만 그녀가 종종 못마땅하다. 그는 그녀의 감정이나 욕구를 있는 그대로 인정하고 존중하기보다는 자신의 도덕적, 신앙적 잣대로 평가하곤 한다. 그는 그녀를 기쁘게 하려고 많은 노력을 한다. 그러나 그녀가 자신의 호의에 대해 긍정적인 반응을 보이지 않으면, 자기도 모르게 화를 낼 때가 있다. 아무리 그녀를 위해 좋은 의도로 무언가를 할지라도 그녀가 원하지 않는 일일 수도 있다. 그러면 그녀는 그것을 솔직하게 표현한다. 그녀는 자신의 진실한 느낌을 말하는 것뿐이지만, 그는 비판받고 버림받는 것 같은 느낌을 경험한다. 상대방이 솔직하게 부정적인 느낌을 표현할 때, 그것은 ㄴ씨를 비난하기 위해서가 아니라 단지 자신의 감정을 전달하기 위해서다. 그러나 그러한 표현은 그를 불안하게 한다. 그럴 때 그는 버림받을지 모른다는 두려움에 사로잡힌다. 그가 타인에게 잘해주는 이유는 버림받지 않기 위한 처절한 노력이기 때문이다. 불안과 두려움 때문에 상대방을 진정으로 이해하고 존중할 수 있는 마음의 여유를 상실한다. 불안과 두려움은 그에게 다시 '해야만 하는' 당위의 틀로 돌아가게 하고, 결국 그는 여자친구를 존중하는 것이 아니라 자신의 의무의 잣대를 따라 행동하려고 노력할 뿐이다. ㄴ씨는 자기 부인을 하는 것이라기보다는, 자기 부인의 틀을 따라 사는 것이다. 왜냐하면 진정한 타인 존중이 이루어지지 않는 자기 부인의 몸짓은 결코 진정한 사랑이 되지 못하기 때문이다.

## 자기를 부인하기 위해서
## 자기를 존중하라

ㄴ씨가 여자친구를 존중할 수 없는 것은 진정한 자기 존중을 경험하지 못했기 때문이다. 진정한 자기 부인은 진정한 자기 존중의 토대 위에서 이루어진다. 자기 존중이란 자신에게 경험되는 감정, 욕구 등을 있는 그대로 존중하는 것을 말한다. 자신의 감정과 욕구를 존중하는 것은 하고 싶은 대로 하는 것과는 거리가 멀다. 하고 싶은 대로 하는 것은 이기적이고 충동적인 태도이지 자기 존중의 태도가 아니다. 자기 존중이란 자신의 내면에서 일어나는 것들을 직시하고 가치 있게 여기는, 동시에 상황에 맞게 판단하여 적절하게 행동하는 것이다.

자기 존중의 태도와 행동에는 기본적으로 세 가지 요소가 있다.[6] 첫 번째 요소는 자신의 내면에서 일어나는 모든 것들을 있는 그대로 바라보는 것이다. 여기에서 '있는 그대로'라는 말이 중요하다. 판단하고 결정하기 전에 경험되는 것을 그대로 받아들이는 것이 중요하다. 나의 몸과 마음의 경험을 있는 그대로 보고 이해해야만 나의 진실을 알 수 있기 때문이다. 나의 내면에서 일어나고 있는 일을 알게 되었다면, 내면의 경험에 대해 성급히 판단하지 말고 그 의미를 찬찬히 들여다볼 필요가 있다. 예를 들면, 누군가에게 미운 감정이 들었을 때 이것은 잘못된 감정이고 죄이므로 버려야 한다고 성급히 판단하고 그 감정을 애써 지우려고 하면, 그 감정이 나에게 말하고자 하는 의미를 놓쳐버리기 쉽다. 그 미운 감정은 나에게 여러 가지 메시지를 주고 있는지도 모른다. 내가 그 사람에게 무엇을 기대하고 있기에 화가 나는 것일까? 혹

---

[6] 가족상담가 사티어(V. Satir)는 자기 존중(self-esteem)의 중요성을 강조한 사람이다. 그녀는 자기 존중의 실현에는 자신, 타인, 상황의 세 가지가 균형 있게 존중되어야 한다고 말하였다. 그녀는 자기 존중이 건강한 가족 관계 및 대인 관계의 기초가 된다고 생각하였다.

시 내가 자신에게 화가 난 것을 그에게 돌리는 것은 아닐까? 내가 다른 무언가 때문에 화나는 것을 그에게 전가하는 것은 아닐까? 그를 향한 미운 감정을 찬찬히 들여다보고 성찰하면, 의외로 많은 것을 깨닫게 될지 모른다. 그런 다음 그 감정에 대해 어떻게 할지 생각해보아도 늦지 않다.

이 첫 번째 요소가 원활하게 흘러갈 때 두 번째 요소인 타인에 대한 이해와 존중이 잘 이루어질 수 있다. "네 이웃을 네 몸과 같이 사랑하라(막 12:31)"는 주님의 말씀은 바로 이 점을 잘 드러낸다. 이 계명은 나를 사랑하는 것과 이웃을 사랑하는 것이 동시적 사건임을 명시한다. 다시 말하면, 나를 사랑하는 것과 이웃을 사랑하는 것은 동시에 이루어질 수 있으며 또한 동시에 이루어져야 함을 강조하는 것이다. ㄴ씨의 경우에서 우리는 이 점을 잘 성찰해야 한다. 그가 자신의 내면에서 일어나는 경험을 받아들이지 못하고 가치 있게 여기지 못하기 때문에, 여자친구의 감정이나 욕구를 있는 그대로 이해하고 받아들이기 어려워한다. 자신의 감정과 욕구를 억압하는 잣대를 타인에게도 들이대기 때문이다. 나의 진실을 진정으로 이해하고 존중할 때, 나는 자연스럽게 타인의 진실을 있는 그대로 보고 가치롭게 여길 수 있다.

세 번째 요소는 당면한 현재 상황을 가능한 한 객관적으로 파악하는 것이다. 관계적, 업무적, 사회적 상황은 거기에 처해 있는 나와 타인들에게 적절한 조치와 행동을 요청한다. 나 자신에 대한 존중과 타인들에 대한 존중을 어떤 상황 속에서 구체적으로 어떻게 표현해야 할지 판단하기 위해서는, 바로 그 상황을 객관적이고 현실적으로 파악하여야 한다.

결론적으로 상황에 대한 적절한 대처, 나 자신에 대한 존중, 그리고 타인들에 대한 존중, 이러한 세 가지 요소가 균형 있게 고려될 때, 우리는 자기 존중이 바람직하게 이루어졌다고 말할 수 있다. 바람직한 자기 존중은 자신에 대한 존중을 넘어서서 타인 및 상황에 대한 존중과 고려를 포함하기 때문에, 이는 이미 적절한 좌절을 내포한다.

### 겉으로는
### 경건해 보이더라도

ㄴ씨에게 10대 시절의 경험은 적절한 좌절이 아니라 지나치게 큰 좌절이 되었다. 당시 그는 10대 초반의 아이로서 부모에게 떼도 쓰고 친구들과 뛰어노는 것이 자연스러운 나이였다. 만일 자연스러운 감정과 욕구를 존중받는 동시에, 그것을 넘어서서 타인에 대한 공감과 상황에 대한 현실적 대처 능력을 발전시킬 수 있었다면, 그것은 적절한 좌절의 경험이 되었을 것이다. 그러나 너무나 척박한 가정 환경 속에서 자연스러운 감정과 욕구는 무시되고 억압되었다. 그 결과 그는 자신이 원하는 것, 그리고 느끼는 것을 존중할 수 없게 되었다. 대신 외부적 요구에 순응하는 것에 익숙해졌다.

ㄴ씨가 경건하게 사는 것처럼 보여도 그것은 형식적 경건일 가능성이 높다. 왜냐하면 그 경건의 생활은 주로 외부에서 주어진 요구와 구조를 따르는 데 그치기 때문이다. 의무와 당위를 잘 따르기는 하겠지만, 내면에서 역동적으로 추구하고 나아가는 힘이 부족하다. 그러므로 진정한 자유와 사랑에 이르렀다기보다는 의무와 당위의 틀 안에 갇히게 된다.

### 경건 훈련은
### 욕구를 없애는 것이 아니다

우리의 자연스러운 감정과 욕구는 인격의 출발점이며 나 자신을 만나는 바탕이 된다. 나의 느낌은 타인을 비롯한 외부의 모든 것을 느끼는 토대이다. ㄴ씨는 자신의 느낌을 무시하고 부인하는 데 익숙하기 때문에, 타인의 느낌을 진정으로 이해하고 공감하는 데 어려움을 가진다. 나의 욕구가 육체적 쾌락의 욕구로만 이해되어서는 안 된다. 욕구는 나의 인격이 무언가 의미 있는 것을 행하기 위해 판단하고 결정하고 실행하는 기본적인 동기가 된다. 경건 훈련이란 욕구의 대상과 방식에 대한 분별의 훈련이지, 욕구 자체를 없애는 것이 아니다. 내가 나의 욕구를 상실한다면 나는 아무것도 할 수 없다. 좋아하거나 싫어하는 것에 대한 감정과 욕구를 회복하는 것만이 ㄴ씨에게 필요한 것이 아니다. 설사 불안을 야기하더라도 '나는 느끼는 존재이다'라는 기본적 태도를 회복하는 것이 필요하다. 또한 '나는 욕구하는 존재이다'라는 사실을 받아들여야 한다. 나의 느낌과 욕구에 보다 친숙해질수록, 경건 훈련의 본질에 더 가까이 다가갈 수 있다. 그리고 여자친구에 대한 공감 능력도 점점 늘어날 것이다.

## ⚇ 과연 나는 누구인가

### 이기적인 나
### vs
### 인격적 주체로서의 나

우리는 보통 나에 대해 생각하면, 이를 자기중심적이고 이기적인 나와 동일시하기 쉽다. 이 혼란 때문에 우리는 나에 대해 생각하는 것을 중요하지 않다고 여기기 쉽다. 나에 대해 생각하는 것만으로 죄책감을 느끼기도 한다. 그러나 이 책에서 말하는 나는 이기적인 나와는 다르다. 여기에서 나는 경험하는 주체(主體), 인식하는 주체, 판단하는 주체, 행동하는 주체를 말한다. 이를 한마디로 말하면 인격적 주체라고 할 수 있다. 타인 및 세계로부터 구별되는 하나의 독립된 인격으로서의 나는 하나의 주체이며, 이 주체가 여기에서 말하는 나이다.

이 인격적 주체는 어떻게 판단하고 살아가느냐에 따라 영원한 존재로 나아갈 수도 있고, 파멸하는 존재로 전락할 수도 있다.

### 자기 부인과
### '나'의 선택

이와 관련하여 예수님의 말씀을 상고(詳考)해보자. 자기를 부인하고 십자가를 지고 따르라는 마태복음 16장 24절의 말씀에 이어서 주께서는 다음과 같이 말씀하신다.

누구든지 제 목숨을 구원하고자 하면 잃을 것이요 누구든지 나를 위하여 제 목숨을 잃으면 찾으리라. 사람이 만일 온 천하를 얻고도 제 목숨을 잃으면 무엇이 유익하리요 사람이 무엇을 주고 제 목숨과 바꾸겠느냐(마 16:25~26).

베드로를 비롯한 이스라엘 사람들이 로마인들을 몰아내고 다윗 왕국의 영화를 회복하기를 바라는 것을 예수께서는 아셨을 것이다. 주님은 이렇게 반문하신다. 이스라엘 사람들이 다윗 왕국의 영화를 회복하고도 제 목숨을 잃으면 무엇이 유익하겠는가? 베드로가 예수의 왕국에서 높은 자리에 오를 것을 기대하고 있음을 예수께서는 아셨을 것이다. 주님은 이렇게 반문하신다. 베드로가 왕국의 높은 자리에 앉고 나서 제 목숨을 잃으면 무엇이 유익하겠는가? 예수께서 자기를 부인하라고 하셨을 때, 그 의미는 아마도 이러한 기대를 가진 자기를 부인하라는 것이 아니었을까?

그렇다면 목숨처럼 소중한 것은 무엇일까? 그것은 아마도 영원한 생명을 의미할 것이다. 여기에서 우리는 두 가지 모습의 자기(自己)를 볼 수 있다. 하나는 세상에서의 영화를 바라는 자기이고 다른 하나는 십자가를 지고 주님을 따르는 자기이다. 25절의 말씀은 하나의 역설(逆說 paradox)이다. 목숨에 대한 집착이 오히려 목숨을 잃게 하며, 그 집착을 버리면 오히려 목숨을 얻게 된다. 26절의 말씀은 또 다른 방식의 역설이다. 천하를 얻는 것과 목숨을 대비하여, 과연 무엇이 소중한가 하는 질문을 던진다. 이 말씀들을 통해서 주님은 인격적 주체로서의 '나'가 어떤 방향으로 나아갈 것인지에 대해 우리에게 도전하신다. 목숨에 대한 집착과 세상을 얻고자 하는 집착을 향해 나아갈 것인가, 아니면 목숨과 세상을 넘어서는 영원한 생명을 향해 나아갈 것인가? 이것은 인격적 주체인 '나'가 결정해야 할 선택이다. 다른 어느 누구도 대신해줄 수 없다.

## 이 선택이 정말 나를 위한 것일까?

한 가지 주목할 것은 소위 말하는 이기적 태도와 세상적 태도가 일치한다는 사실이다. '이기적'이라 함은 나를 위해 욕망한다는 것인데, 그것이 정말 나를 위한 것일까? 그 욕망의 내용을 살펴보면 사실 그것들은 세상이 욕망하는 것이다. 다시 말하면, 세상이 욕망하는 권력, 부(富), 명예 등을 개인이 따라갈 뿐이다. '나'에 대한 진지한 성찰 없이 세상 풍조가 욕망하는 것들을 따라갈 뿐이다. 세상의 욕망들을 따라가는 것을 우리가 이기적 욕망이라고 부르는 것은 흥미 있는 일이다. 아마도 세상이 욕망하는 것들에 집착하면 이웃을 내 몸과 같이 사랑할 수 없기 때문에 그렇게 부르는지도 모른다. 그러나 성서는 세상의 욕망을 따라가는 것이 진정 나를 위한 것이 아니라고 끊임없이 말한다. 앞선 주님의 말씀 역시 마찬가지이다. 목숨을 얻고 천하를 얻는 것이 자기를 위하는 것처럼 보이지만, 사실은 자기를 파멸시킬 뿐이라고 강조한다. 소위 이기적인 또는 세상적인 태도는 사실상 주체적 태도가 아니다. 나를 위하는 것처럼 보이지만 사실은 세상의 욕망에 종속되어 있을 뿐이다. 그렇다고 욕망을 거부하고 억압하는 것 역시 답은 아니다. 내 안에서 나를 사로잡는 욕망으로부터 거리를 두고 그것들을 바라보며 그것들이 어디에서 오는지 성찰하는 것이 주체적 태도이다. 그 욕망들의 진실을 이해한다면 내가 진정 바라는 것이 무엇인지 스스로 결정할 수 있다.

4) '나'와 초월

○ 엄마 품 같은 에덴동산을 왜 떠나야 할까


　　　　　　본 장(章)에서는 앞 장에서 다루었던 자기 부인 또는 자기 부정의 문제를 초월이라는 주제와 관련해 생각해보려고 한다. 초월은 넘어선다는 뜻이다. 나를 넘어설 때 나는 어떻게 될까?
　　　　　앞 장에서 언급한 ㄴ씨의 삶은 이 문제와 깊이 연관되어 있다. 그는 대학 시절에 만난 선교단체에서 안정감을 얻을 수 있었다. 선교단체에서 제공하는 빈틈없이 짜인 경건생활은 늘 할 일이 있는 생활 구조를 그에게 제공하였다. 단체가 요구하는 정체성을 그대로 받아들이면 그는 더 이상 나에 대해서 그리고 삶에 대해서 생각하고 고민할 필요가 없었다. 선교단체는 폐쇄적 집단이었고 철저한 헌신을 요구하였다. 그 안에서 나로 존재할 시간과 공간은 별로 없었다. 그런데 여자친구의 출현은 ㄴ씨에게 새로운 도전이었다. 선교단체에서 '너'를 만나는 경험은 별로 없었다. 그곳에서는 나도, 너도 그리 중요하지 않았다. 단체에서 그의 삶은 대체로 '우리'의 경험에 한정되어 있었다. 여자친구를 만나면서 ㄴ씨는 '너'를 만나게 되었고, 너를 만나기 위해서는 '나'와 맞닥뜨리지 않을 수 없었다. 말하자면 그는 에덴동산에서 추방될 위기에 놓인 것이다.

### 에덴동산에서
### 새 예루살렘으로

에덴동산은 하나님으로부터 그리고 타자로부터 '나'가 분화되지 않은 원초적 융합 상태를 상징한다. 마치 어린 아기가 엄마 품 안에서 '나'와 '너'를 인식할 필요 없이 평안을 누리는 것과 같다. 성서는 에덴동산의 이야기에서 시작하여 새 예루살렘으로 끝맺는다. 이는 어쩌면 한 사람의 인생과도 같다. 엄마 품 안에서 시작한 아이는 '나'를 인식하고 타자와 세계를 만남으로써 온갖 혼란과 고뇌에 맞닥뜨리게 된다. 점차 자신의 삶을 이루어가면서 어른이 된 그는 이제 하나님과 영원을 향하여 나아가면서 노인이 된다.

에덴동산과 새 예루살렘은 비슷해 보이지만 한편으로는 매우 다르다. 비교하자면 어린 아기의 상태와 성숙한 노인의 상태와 같다. 성숙한 노인이 일생의 신앙의 여정을 마치면서 하나님의 뜻에 순종하는 삶을 살고 있다면, 이는 어린 아기의 순수한 마음에 가깝다고 말할 수 있다. 그러나 어린 아기와 성숙한 노인 사이에는 어마어마한 차이가 존재한다. 어린 아기가 아직 '나'로 분화되지 않은 순진무구한 혼돈 상태에 있다면, 성숙한 노인은 분화된 '나'의 광대한 세계를 갖고 있으면서도, 그 '나'의 세계가 이웃의 '너'들과의 다채로운 관계들에 열려 있고, 더 나아가 무한한 하나님의 세계와 일치되는 경험도 갖고 있다.

## 품에서 떠나야
## 나의 길이 시작된다

앞에서도 말했지만, 어린 아기가 엄마의 품을 떠나 '나'로서 경험하는 것은 두려운 도전이다. '나'가 된다는 것은 세상으로부터 (그리고 하나님으로부터) 분리하여 독립된 존재가 되는 것이다. 이는 얼마나 두려운 일인가! 엄마가 점점 아기가 원하는 대로 해주지 않을 때, 엄마는 아기에게 '너'가 되어가고 그에 따라 아기는 스스로를 분리된 '나'로서 경험하기 시작한다. 아기는 이 도전이 견디기 힘들어서 크게 울어댈 것이다. 그때에 엄마가 변함없이 아기 곁에 머무르며 돌봄을 주기 때문에, 아기는 두렵고 힘든 과정을 견디면서 '나'로서 성장하고 살아가는 법을 배운다.

아담과 하와가 에덴동산을 떠날 때, 하나님은 변함없이 그들 곁에 머무르시며 그들에게 "가죽옷"을 지어 입혀 주신다(창 3:21). 그들이 에덴동산을 떠나는 것은 고통스러운 일이지만(창 3:16~19), 그 떠남을 통해서 인류의 역사 그리고 성서의 역사가 시작된다. 그리고 그 역사는 새 예루살렘이라는 하나님 나라의 완성을 향해 나아간다. 그 고통스러운 떠남 후에도 하나님이 변함없는 무한한 사랑으로 함께하시기에, 인간은 하나님 나라를 향한 창조의 삶을 이어간다. 에덴동산을 떠나 '나'의 여정을 시작하여 '영원한 너(Eternal Thou)'[7]이신 하나님과의 일치에 이르는 성숙한 그리스도인들만이 하나님 나라를 완성할 수 있다. 거기에 새 예루살렘이 있다.

---

7 | Martin Buber, tr. by Walter Kaufmann, *I and Thou* (Edinburgh: T. & T. Clark, 1970), 123.

## 8 나와 너 사이에는 균형이 필요하다

**안 돼, 안 돼**
**안 돼**

'나'의 여정은 사실상 끊임없는 자기 부정의 여정이다. 앞에서 말한 바처럼, 유아의 자기중심적 태도는 엄마의 적절한 거절로 극복된다. 적절한 좌절에 의해 '너'라는 존재가 있다는 것을 받아들이게 되며 이때 비로소 유아는 '나'가 된다. '너'를 만나는 것은 적절한 자기 부정으로만 가능하다. '나'라는 인격이 탄생하는 것은 자기 부정의 경험을 통해서 이루어지는 것이다. 물론 여기에서 '나'는 자기중심적이라는 의미에서의 '나'가 아니라, 하나의 인격으로서의 경험적 주체를 말한다.

아기는 자라면서 부모에게 '안 돼'라는 말을 수없이 듣는다. 아기에게 부모는 절대적으로 필요하지만, 부모와 함께 살려면 아기는 부모의 뜻에 따라 수없이 자기 부정을 배워야 한다. 이를 통해 아기는 '할 수 있는 것' '할 수 없는 것' '해야 하는 것' 등을 알게 되고 사회 속에서 살아가는 법을 배운다. 건강한 사회 생활이란 적절한 자기 부정과 적절한 자기 실현의 균형이며, '나'와 '너' 사이의 균형 잡힌 관계이다. 그런데 자기 부정과 자기 실현의 균형은 단지 적당한 수준에서의 타협만을 의미하는 것이 아니다. 사실 그보다 훨씬 중요한 의미가 내재되어 있다.

## 마음이 든든히 서지 못한 사람의 두 얼굴

　　이와 같은 균형에 이르지 못하는 두 가지 극단이 있는데, 지나치게 자기 부인을 하는 경우와 자기 실현만 내세우는 경우이다. 전자는 ㄴ씨의 경우처럼 외부적 요구와 틀에 순응하여 인격적 주체로서의 독립성이 위축된 상태이다. 반면 후자는 자신의 내부적 감정과 욕구에 붙들려서 타인들을 '너'로서 인정하고 존중하지 못하는 상태이다. 양자는 반대인 것처럼 보이지만, 사실은 양자 모두 '나'로서 제대로 서 있지 못하기 때문에 '너'를 진정으로 받아들이지 못한다는 면에서 유사하다.

　　'나'가 제대로 서 있지 않으면 '너'를 진정으로 이해하고 존중하고 받아들일 수 없다는 사실은 하나의 역설(逆說 paradox)이다. '나'가 튼튼하게 서 있지 않으면, '나'와 '너' 사이의 균형을 유지하기 어렵다. 성숙한 사랑은 '나'와 '너' 사이의 균형을 지키는 것을 통해서만 가능하다. '나'가 무시되면 의존적이 된다. '너'가 무시되면 이기적이 된다. 타인에게 의존적이거나 타인을 무시하는 상태에서는 사랑을 실현하기 어렵다. 사랑은 주체적 존재만이 할 수 있으며, 타인을 또 하나의 주체로 존중함으로써 사랑이 실현된다.

　　우리의 마음은 세계를 품을 수 있는 영(spirit)이다. 세계를 품기 위해서는 마음이 스스로 서 있어야 한다. '나'는 주체적 마음의 기둥이다. 기둥이 든든히 서 있지 않으면, 마음이 세상을 향하여 스스로를 여는 순간 세상의 폭풍우 속에 휩쓸려 버린다. 앞 장에서 말한바, 성과사회에서 휩쓸려 버리는 현대인들이 이와 같은 모습이다. '나'의 기둥이 취약하다면, '너'를 품기 위해 여는 순간 '나'는 '너'에게 종속될 것이다. '너'에게 종속되는 것은 '너'를 이해하는 것도, '너'를 존중하는 것도, '너'를 품는 것도 아니다. 어떤 경우에는 '너'에게 종속되는 것을 피하기 위해, 마음의 문을 닫아버릴 수도 있다.

'너'에게 종속되는 것이 의존적 상태라면, '너'에게 마음을 닫는 것은 폐쇄적 상태이다. 후자의 경우 자기를 방어할 수 있을지는 모르나, 그러한 '나'는 자기중심적 상태를 벗어나지 못할 것이다. 결국 종속되지도 않고 폐쇄되지도 않으려면, '나'가 스스로 든든히 서 있는 동시에 세계와 타인을 향해 열려 있어야 한다. 그럴 때에만 '너'를 진정으로 품는 일이 가능하다. "네 이웃을 네 몸과 같이 사랑하라(막 12:31)"는 예수님의 말씀에서, '네 몸'을 사랑한다는 것은 '나'를 존중함을 가리키고, '네 이웃'을 사랑한다는 것은 '너'를 사랑함을 가리킨다.

### 자기 부정은 결국
### 나의 확장이어야 한다

그러므로 자기 부정이 단순히 절제만을 의미하는 것은 아니다. 다시 말하면, 적절한 자기 부정으로 현실과 타협하려는 것만이 자기 부정의 궁극적 목적이 아니다. 적절한 자기 부정의 궁극적 귀결점은 '나'의 진정한 긍정과 확장이다. 아기가 자라서 학교에 가면, 아이는 사회적 질서 속에서 자기를 절제하는 법을 배운다. 편안한 집을 떠나 정해진 시간에 학교에 가야 하고, 수업 시간에는 자리에 앉아서 공부해야 한다. 이러한 절제를 배움으로써 아이는 사회라고 하는 공동체에 참여하게 되고 사회적 질서를 자신의 삶 속에 포용하게 된다. 그럼으로써 아이의 개인적 삶은 사회라고 하는 큰 공동체를 담는다. 이렇게 아이의 '나'는 크게 확장된다. 이러한 확장 과정은 사회적 질서 속에서 자신을 절제하는 자기 부정을 통해서만 이루어진다. 자기 부정을 통한 이러한 확장은 '나'의 연속성을 유지하는 자기 긍정의 기초 위에서만 가능하다.

이처럼 자기 긍정과 자기 부정의 균형을 찾는 것의 궁극적 목적은 '나'의 건강한 확장이다. 자기 긍정과 자기 부정의 균형이 완성된 것을 우리는 사랑이라고 부른다. 그 원리는 "네 이웃을 네 몸과 같이 사랑하라"는 말씀에 담겨 있다. 나의 몸을 존중하는 것으로 시작하여 이웃을 이해하고 공감하는 것은 곧 '나'의 확장이다. 어른이 되면서 사회를 더 크게 품을 뿐 아니라 자연 세계와 친화적인 관계를 갖게 될 때, '나'는 사회와 세계를 품는 광대한 영(spirit)이 된다. 이 영은 곧 사랑의 영이며, 이것이 곧 참된 '나'의 모습이다. 이 모습이 사람을 향한 하나님의 창조의 목적이요 섭리이다. 그런데 현실적으로 우리는 아기에서 아이가 되고, 아이에서 어른이 되어도, 이와 같이 이웃과 사회와 세계를 온전히 품는 사랑의 영으로 성숙하지 못한다. 이것이 죄이다.

## 몸과 나

"네 이웃을 네 몸과 같이 사랑하라(막 12:31)"는 말씀은 예수께서 레위기 19장 18절의 말씀을 인용하신 것이다. 예수께서는 왜 여기에서 몸을 언급하실까? 몸은 나의 구체적 실체인 동시에 상징적 실체이다.

### 만진다, 느낀다
### 나는 살아있다

나의 몸은 만져지고 느껴지고 움직이고 보여진다. 몸의 구체성이야말로 나의 구체성을 생생하게 보여준다. 나는 만져지고 만지는 존재이다. 나는 느끼고 느껴지는 존재이다. 나는 움직이고 걸어 다니는 존재이다. 나는 보고 또 보이는 존재이다. 나는 얼마나 생생하게 살아있는가! 나는 살아있다! 몸은 내가 살아있음을 생생하게 증거한다. 몸은 나의 살아있음을 오롯이 담아낸다. 이처럼 몸은 '나'의 구체적 실체이다. 상징적 실체에 관해서는 아래에서 설명할 것이다.

### '소마'
### 몸은 곧 나 자신이다

성서는 언뜻 몸을 부정하는 것처럼 보인다. 특히 바울 서신은 몸과 관련하여 혼란을 불러일으킬 수 있다. 바울은 그리스어로 두 가지 단어를 사용한다. 하나는 육신으로 번역되는 '사르크스(σάρξ)'이고, 다른 하나는 몸으로 번역되는 '소마(σῶμα)'이다.

'소마'는 우리가 일반적으로 생각하는 몸을 가리킨다. 빌립보서 1장 20절에 따르면 몸은 나 자신을 가리킨다. "나의 간절한 기대와 소망을 따라 아무 일에든지 부끄러워하지 아니하고 지금도 전과 같이 온전히 담대하여 살든지 죽든지 내 몸에서 그리스도가 존귀하게 되게 하려 하나니." 또한 바울은 예수 그리스도께서 우리와 같은 몸으로 사셨다는 사실을 강조한다. "그 안에는 신성의 모든 충만이 육체로 거하시고(골 2:9)." 바울에 의하면, 교회는 그리스도의 몸으로서 그리스도와 하나 되어 그리스도의 은사를 실현한다(고전 12:27). 사도 바울이 몸을 이같이 표현한 것을 볼 때, 몸은 영에서 분리된 속되고 더러운 어떤 것이 아니라, 몸이 곧 '나'의 본질이며 하나님의 거룩한 현존이 머무르는 그릇임을 알 수 있다.

그런데 ㄴ씨에게 몸은 위험하다. 몸의 살아있는 느낌과 욕망은 ㄴ씨를 어쩔 줄 모르게 만든다. 왜냐하면 ㄴ씨는 자신의 몸에서 나오는 생생한 느낌과 욕구를 따라 움직이기보다는 외부에서 주어지는 규칙과 요구를 따라 살았기 때문이다. 그러므로 ㄴ씨에게 몸은 경계해야 하는 그 무엇이며, 그는 몸에서 나오는 느낌이나 욕구에 대해 어떻게 해야 할지 잘 모른다. 그 느낌과 욕구를 진지하게 마주하고 대화해본 적이 별로 없기 때문이다.

갓 태어난 아기는 '몸'으로 살아있다. 아기의 평온한 얼굴은 얼마나 아름다운가! 거룩하다고까지 할 수 있다. 그 아기는 사실 전체적으로 '몸'이다. 아기는 몸이 편안하면 행복하고, 몸이 불편하면 운다. 엄마의 따뜻한 품 안에서 아기의 몸은 지극한 평화를 경험한다. 사람은 몸의 느낌과 욕구로부터 삶을 시작한다. 엄마의 따뜻한 품 안에서 아기는 자신의 몸의 느낌과 욕구가 곧 '나'임을 경험한다.

### 몸의 초월
### 자신의 몸이 전부가 아님을 받아들이는 것

물론 여기에서 끝나는 것은 아니다. 아기가 조금만 자라도 엄마는 아기에게 좌절을 경험하게 한다. 아기의 몸이 원하는 대로 다 해주지 않는 것이다. 이 좌절은 아기가 자신의 몸을 초월(超越 transcendence)하게 만든다. 한 가지 주의할 것은, 몸을 초월한다는 것이 몸에서 분리된다거나 몸을 무시한다거나 몸을 억압하는 것이 아니라는 사실이다. 자신의 몸을 있는 그대로 존중함과 동시에 자신의 몸이 전부가 아님을 받아들이는 것이 초월이다. 엄마가 '나'와는 다른 또 하나의 존재라는 사실을 받아들이는 것, 다시 말하면 '너'와의 관계 안에 '나'를 두는 것이 곧 자신의 몸을 초월하는 것이다. 이러한 자기 부인 또는 초월이 완성에 이르면 "네 이웃을 네 몸과 같이 사랑"하게 된다. 이 사랑은 두 가지 측면을 동시에 갖고 있다. 하나는 내 몸을 있는 그대로 사랑하는 것이며 또 하나는 내 몸을 초월하여 이웃의 몸도 사랑하는 것이다.

### 몸의 소외
### 몸의 초월

이와 같은 균형을 벗어나는 것은 두 가지 극단으로 표현된다. 앞에서 언급한 바처럼, 하나는 의존적 태도이고 다른 하나는 자기중심적 태도이다. 전자는 ㄴ씨의 경우처럼 자신의 몸을 소외시키고, 후자는 타자의 몸을 소외시킨다. 그렇다면 후자의 경우에는 자신의 몸을 정말로 사랑하는 것일까? 사실은 그렇지 못하다. 이것이 사랑의 신비이다. 사랑을 실현할 때만, 다시 말하면, 진정한 초월을 경험했을 때만, 자신의 몸을 진정 사랑할 수 있다.

사실 엄마의 사랑은 하나님의 사랑에 가장 가깝다. 엄마는 아기가 자신의 몸을 사랑할 수 있도록 따뜻하게 품어주고 무조건적인 사랑을 준다. 동시에 엄마는 아기가 자신의 몸을 사랑할 뿐만 아니라 엄마와의 사랑의 관계 속에서 자신의 몸을 초월하게 돕는다. 자신의 몸을 초월할 때만, 다시 말하면 타자의 몸을 자신의 몸처럼 사랑할 때만, 자신의 몸을 진정 사랑할 수 있다. 왜냐하면 초월을 통하여 자기를 열 때만 자신의 몸을 진정으로 만날 수 있기 때문이다.

자신의 몸을 초월하는 것을 신학자들은 자기-초월(self-transcendence)이라고 부르는데, 이를 다른 말로 하면 자기 개방이다. 자기를 여는 것이다. 타인을 향해, 세상을 향해, 하나님을 향해 자신을 여는 것이다. 개인은 혼자 존재하는 것이 아니라, 타인과 세계와 하나님과의 관계 속에 존재한다. 관계 속에 자기가 적절하고 건강하게 열려 있을 때, 우리는 평화를 경험한다. 그 평화 속에서 '나'와 나의 몸은 진정한 자기-실현(self-realization)을 경험한다. 자기중심적 태도는 필연적으로 두려움과 불안을 불러일으키고, 평화가 깨진 상태에서 개인은 자신의 몸을 왜곡되게 만난다.

### '사르크스'
### 육신을 따르는 것은 파멸을 가져온다

왜곡되게 만난 몸을 바울은 '육신(사르크스)'이라고 불렀다. 바울이 육신을 영(프뉴마 πνεύμα)과 대립시킬 때, 이는 육체와 정신의 대비가 아니다. "육신을 따르는 자는 육신의 일을, 영을 따르는 자는 영의 일을 생각하나니 육신의 생각은 사망이요 영의 생각은 생명과 평안이니라(롬 8:5~6)." 여기에서 '육신을 따르는' 것은 육체적 감정과 욕망을 따른다는 뜻이 아니다. 그것은 사랑과 평화의 균형이 깨진 상태에서 왜곡된 욕망에 빠진 인격 전체의 성향을 가리키며, 이는 파멸을 가져온다. 이와 대비되게 '영을 따르는' 것이 육체적 감정과 욕망을 벗어난다는 뜻이 아니다. 그것은 몸과 마음이 사랑과 평화의 균형 상태에 있음을 가리키며, 이는 생명과 평안을 가져온다.

### 감정과 욕망을 다루는 법

우리의 경험들 가운데 몸과 관련 깊은 것이 감정(emotion)과 욕망(desire)이다. 나는 감정 및 욕망과 관련하여 많은 실패와 실수들을 경험하였다. 감정에 사로잡혀 화를 버럭 내거나 깊은 수치심에 빠진 경우가 많았으며, 욕망에 이끌려 여러 가지 불필요한 행동이나 상상에 빠지기도 하였다. 한편으로 어려움을 겪으면서 또 한편으로 성찰과 기도를 하면서, 내 나름대로 감정과 욕망에 대처하는 방법을 찾아냈다. 이는 2장에서 언급한 침묵기도의 방법과 유사하다. 그것은 다음과 같다.

(1) 어떤 내용의 감정이나 욕망이든 부정하거나 억압하지 않고 받아들인다.
(2) 그 감정이나 욕망을 찬찬히 들여다본다.
(3) 그 감정이나 욕망이 나의 몸, 삶, 관계 등의 상황과 관련하여 어떤 의미를 갖는지 성찰한다.
(4) 기도를 통하여 성령님께 지혜를 구한다.

위의 방법에는 크게 세 가지 요소가 담겨 있다. 첫째는 몸과 마음에서 일어나는 감정이나 욕구를 있는 그대로 받아들이되 그것에 따라 즉각적으로 행동하지 않는 것이다. 다른 말로 표현하면, 감정과 욕구를 있는 그대로 존중하되 그것에 사로잡히지 않는 것이다. 때로는 내가 느끼는 감정이 너무도 명백히 부정적이어서 그냥 떨쳐버리고 회개만 하면 될 것 같은 때도 종종 있었다. 그러나 그렇게 쉽게 처리해버리지 않고 그 감정과 함께 머무르면서 성찰하면, 언제나 중요한 의미를 발견하곤 하였다. 그 감정이 아무리 부정적일지라도 그렇게 느끼게 된 데에는 이유가 있으며, 그 이유를 깨닫게 되면 자연스럽게 나에 대해 새로운 통찰을 얻게 된다. 감정이나 욕망을 일단 받아들인 후, 그것을 있는 그대로 느끼면서 그 자리에 머무르며 성찰하는 것이 두 번째 요소이다.

## 일상에서
## 분노가 차오를 때

한 번은 동료 한 사람이 나를 굉장히 화나게 한 일이 있었다. 나의 내면은 그를 향한 비난으로 가득 찼다. 명백히 그의 잘못이었기에, 그를 비난하는 것은 당연하였으며 나의 분노는 정당하였다. 더 이상 성찰할 일이 있을까? 나는 그의 잘못들을 곱씹으며 나의 정당성을 확인하는 대신, 나의 분노 자체에 머물러보기로 하였다. 나의 분노는 강하고 깊었다. 내가 나의 분노를 회피하거나 분노에 휩싸여버리는 대신 분노를 바라보고 분노를 느끼며 가만히 있을 때, 놀라운 일이 일어났다. 피해를 입고 분노에 휩싸여 있는 나의 마음 밑에 있는 나의 더 큰 마음을 만나게 되었다. 나는 더 이상 분노에 떨고 있는 피해자가 아니었다. 그 동료의 공격 때문에 움츠러들고 화내면서 괴로워할 필요가 없었다. 갑자기 내 어깨에서 큰 짐을 내려놓은 것 같았다. 나는 언제나 정의로워야 한다는 의무감이 내 어깨를 누르고 있었다는 사실을 깨달았다. 나의 가슴에 자신을 향한 너그러움이 흘러들어왔고, 나를 화나게 한 그 동료를 향한 너그러움으로 이어졌다. 문득 내가 좋아하는 다른 동료 두 사람이 떠올랐다. 그들과 더 가까운 관계를 만들어가야겠다는 용기가 마음에서 솟아올랐다. 그 후 두 사람과 더 친밀한 관계를 만들어가는 큰 소득을 얻게 되었다.

위의 경험을 어떻게 설명할 수 있을까? 내가 나의 분노를 받아들이고 거기에 머무를 때, 나는 분노하는 나를 스스로 수용하고 존중해 주고 있었다. 나의 분노 뒤에는 무시당했다는 데서 오는 수치심, 나의 자리를 위협당하는 데서 오는 두려움, 무언가 할 수 없다는 무력감 등이 있었다. 내가 분노와 머물러 있을 때, 나는 수치심, 두려움, 무력감을 느끼는 나를 존중하고 수용하였다. 그 존중과 수용은 나의 더 큰 마음이 열리게 해주었다. 존중과 수용은 나의 더 큰 진실을 보게 하였다. 내가 나의 어떠한 감정이나 욕망이든지 그것을 받아들이고 존중하는 것은 그 감정이나 욕망을 느끼는 나를 존중하는 것이다. 내면의 내가 존중받을 때, 나는 치유와 힘을 얻는다. 이를 통해 나는 더 깊은 진실을 향해 나아가게 되고, 그 결과 나는 의미 있는 깨달음과 격려를 경험하게 된다.

사실상 위의 경험은 분노의 감정으로부터의 초월의 경험인데, 이러한 초월은 분노를 회피하거나 억압하는 것을 통해서 일어나는 것이 아니라 분노의 감정을 수용하고 존중함을 통해서 일어난다. 수용과 존중의 태도는 두 가지 방식으로 초월을 돕는다. 첫째, 수용과 존중의 태도는 감정에 사로잡히지 않는 것을 전제로 하기 때문에 그것 자체가 이미 하나의 초월이다. 둘째, '나'의 마음이 수용과 존중을 받을 때, '나'는 더 깊고 넓은 초월을 향해 움직이기 시작한다.

## 성령의 도우심을 구하는 기도

감정과 욕망에 대처하는 과정에서 처음부터 끝까지 나는 성령님의 임재, 도우심, 지혜를 구한다. 이것이 앞에서 말한 그 과정의 세 번째 요소이다. 성령님께 도우심을 구하는 기도를 하는 것과 하지 않는 것 사이의 차이를 나는 언제나 경험한다. 성령님께 기도하는 것은 나의 존재가 주님의 임재와 은혜를 향해 개방되도록 이끈다. 우리의 몸과 마음은 신체적 및 심리학적 차원들을 갖고 있지만 동시에 영적인 차원에 연결되어 있다. 세 가지 차원은 각각 독립된 요소를 갖고 있으면서, 동시에 서로 연결되어 있다. 주님의 임재하심으로 흘러들어오는 영적인 은혜는 신체적 및 심리학적 차원들에 생기와 지혜를 더하여 준다. 우리의 신체적 및 심리학적 차원을 무시하고 억압해야만 영적인 차원이 열린다고 생각하지 않아야 한다. 오히려 우리의 몸과 마음에 하나님은 영의 생기와 지혜를 불어넣으셨으며, 이 땅의 삶에서 우리의 몸과 마음을 통해 영의 생기와 지혜가 실현되는 것이다.

## 상징적 실체로서의 몸

앞에서 몸은 '나'의 구체적 실체인 동시에 상징적 실체라고 말한 바 있다. 구체적인 감각과 느낌으로 생생하게 살아있는 경험이 바로 몸의 구체성이다. 그와 동시에 몸은 초월을 향해, 다른 말로 하면 심리적 및 영적 차원을 향해 개방되어 있다. 앞에서 언급한 것처럼, 내가 분노의 경험에 대해 성찰하지 않았다면, 나는 그 분노를 참거나 그 분노 때문에 펄펄 뛰며 괴로워하는 것으로 끝났을 것이다. 그러나 분노는 무언가 더 큰 어떤 것을 의미하고 있었다. 이것이 분노의 상징성이다. 몸의 경험들은 언제나 (심리적 및 영적 차원의) 어떤 것을 향해 있다. 그 어떤 것을 발견하는 과정이 곧 성찰이다. 몸의 경험들이 심리적·영적 차원과 어떻게 상징적으로 연결되어 있는지 성찰함으로써 우리는 자신을 전체적으로 이해할 수 있다.

### 성적 욕망은
### 나쁜 게 아니다

몸의 경험 중 대표적인 것이 성적인(sexual) 욕망이다. 성서에서 성(性 sexuality)은 부정적으로 묘사된 경우도 있지만, 한편으로는 하나님과 사람 사이의 관계 또는 진실한 앎의 관계를 상징하기 위해 사용되기도 한다. 아가서는 몸을 통하여 표현되는 사랑의 행위와 관계를 거룩한 관계의 상징으로 묘사하는 대표적인 성서이다. 성적인 욕망은 몸의 경험이기 때문에 생생하고 구체적이다. 우리는 생생하고 구체적인 몸의 경험으로서의 성적 욕망을 귀하게 여겨야 한다. 몸의 경험으로서의 성(性 sexuality)은 그것 자체로 아름답기도 하지만, 또한 심리적이고 영적인 차원의 어떤 것들을 상징하고 있기도 하다.

성적인 욕망의 문제가 생길 때, 대개 그것은 욕망 자체의 문제라기보다는 그 욕망을 행사하려는 대상과 방식의 문제이다. 잘못된 대상을 향해 있거나, 폭력적인 방식으로 그 욕망을 채우려고 할 때, 그것은 그 대상과 주변 사람들에게 심각한 상처를 준다. 이때 성(性 sexuality)은 육신적인(사르크스) 일로 전락해 버린다.

성적인 욕망은 사랑을 향한 강렬한 지향을 상징한다. 타인을 향한, 자연을 향한, 우주를 향한, 하나님을 향한 하나됨의 열망이 몸으로 경험되는 것이 성적인 욕망이다. 그러므로 몸에서 경험하는 성적인 욕망 안에 이미 영적인 차원이 담겨 있다. 우리가 성적인 욕망에 머무르면서 동시에 진실로 영적인 차원에 열려 있다면, 성적인 욕망이 사랑을 향한 열망으로 연결되는 것을 경험한다. 그럼으로써 우리는 성적인 느낌과 행위에서 진실한 사랑, 깊은 앎, 강렬한 기쁨이 동반되는 것을 경험할 것이다.

5) 하나님과의 일치

## ㅇ 자기 방어를 넘어서는 법

하나님과의 일치는 참된 '나'가 꽃을 피우는 궁극적인 길이다. 앞에서 언급했던 ㄴ씨의 이야기에서 그의 참된 '나'의 경험과 하나님 경험이 어떻게 하나의 길로 이어지는지 볼 수 있다.

### 예배를 드려도 기쁨이 없거나
### 하나님께 실망하곤 한다면

ㄴ씨가 타인과 의존적인 관계를 맺고 있었을 때, 그의 예배 경험은 표면적이고 형식적이었을 가능성이 많다. 이는 하나님에 대한 헌신이 부족하다거나 예배 태도가 진지하지 않다는 뜻이 아니다. 그는 하나님을 향한 내적 열망보다는 교회나 성경의 여러 가지 요구와 의무에 더 민감하다. 예배

에서도 외적인 여러 요구를 따르는 데 집중할 것이며, 그러한 요구를 잘 따르지 못하면 죄책감이 들 것이다. 그러므로 예배는 생동감 넘치는 경험이 되기 어렵다. 이러한 경우 하나님 앞에서 자기 부정을 할지라도, 이는 '나'의 거듭남이라기보다는 정죄와 억압에 가깝다. 하나님 앞에서 바로 서지 못하는 자신을 끊임없이 비난하면서 죄책감에 시달릴 것이다. '나'는 새롭게 태어난다기보다 자꾸 위축된다.

ㄴ씨가 자기를 지나치게 억압한다면, 그 반대의 경우도 있다. 이는 지나치게 자기중심적인 경우로, 이런 사람은 자신의 감정과 욕구에 집중한 채 하나님께 다가간다. 그는 자신의 감정과 욕구대로 움직이지 않는 하나님에게 곧잘 실망한다. 하나님에게 일관성과 신뢰를 발견하기 어려운데, 이는 하나님이 자신의 뜻대로 움직여주지 않기 때문이다. 그래서 하나님을 의심한다. "의심하는 자는 마치 바람에 밀려 요동하는 바다 물결 같으니 이런 사람은 무엇이든지 주께 얻기를 생각하지 말라(약 1:6~7)." 하나님이 좋아보이다가도, 좌절이 오면 하나님에게 분노한다. 이러한 사람은 자신의 내면에서도 일관성을 경험하지 못한다. 자신의 감정과 욕구를 일관성 있게 이해하고 실행할 수 있는 '나'의 견고함이 부족하기 때문에, 스스로 혼란스럽고 불안하다. 예배드릴 때 하나님을 향하여 집중하기보다는, 마음이 분산되어 있다. 자신의 감정과 욕구, 찬송과 기도가 하나로 연결되지 못하고 흩어져 있다. 결국 자신의 감정과 욕망에 부응하지 못하는 하나님에게 실망하고 원망한다.

위의 경우들 중 ㄴ씨의 경우에는 교회의 지지를 받지만, 두 번째 경우에는 믿음이 없는 사람이라고 비난받는다. 그러나 양자 모두 우리의 이해와 도움을 필요로 하는 사람들이다. 첫 번째 경우에는 교회의 지도와 형식을 잘 따르기에 믿음이 좋은 사람으로 평가받는다. 그러나 그의 내면에는 기쁨보다 두려움이 있다. 자유하지 못하고 위축되어 있다. 두 번째 경우에도 하나님 경험을 향한 열망이 강하다. 만족이 없고 불안한 삶 속에서 자신이 기댈 수 있는 든든한 기반을 갖고 싶다. 그런데 가시떨기에 떨어진 씨앗(씨 뿌리는 비유)처럼 좌절을 견디기가 어렵기 때문에 믿음을 유지하기 어렵다. 겉으로는 두 가지 경우가 매우 다르게 보이지만, 취약한 '나'를 보호하기에 급급하다는 사실에서는 같다. 양자가 가지고 있는 대처 방식은 모두 취약한 자기 스스로를 보호하고 방어하기 위해 만들어진 방책들이다. 이러한 사람들을 꾸짖고 비판하는 것은 별로 도움이 되지 않는다. 그들은 공감과 지지를 필요로 하기 때문에, 비판적 태도는 그들을 더욱 위축되거나 자기 방어적이 되게 만들 뿐이다. 오히려 그들과 따뜻한 지지적 관계를 유지하고 그들을 수용적이고 공감적인 공동체 안에 머물도록 초대하는 것이 도움이 된다.

## 감정을 있는 그대로 봐줄 때 생겨나는 변화

ㄴ씨는 자신이 자라면서 얼마나 감정과 욕구를 억압했는지 상담가를 통해 알게 되었다. 그리고 의무와 당위로 살아온 삶의 방식이 여자친구와의 관계에 어떤 영향을 미치는지 조금씩 이해하게 되었다. 그가 자신의 감정을 이해하고 존중할 때, 여자친구의 감정 또한 존중할 수 있다는 사실을 인정하게 되었다. 그는 여자친구를 점점 너그럽게 대하게 되었고, 그녀와의 데이트가 더 즐거워졌다.

그의 변화는 하나님과의 관계에도 변화를 가져왔다. 그는 자신이 생각하는 틀로 하나님을 바라보고 있었다는 것을 깨달았다. 그에게 하나님은 요구하고 심판하는 분이었다. 그는 자신이 하나님께 받아들여질까, 하나님께 버림받지 않을까 항상 염려하며 살았고, 예측할 수 없는 욕망이 올라오면 죄책감에 시달렸다. 그렇게 자신이 하나님을 바라보는 틀이 그가 사람들을 대하는 틀과 밀접한 연관이 있음을 깨달았다. 그는 그 틀을 점차 내려놓았다. 그 틀을 포기하는 것은 매우 어려웠지만 다른 한편으로는 결정적인 자유의 길이었다.

### 나를 지켜준 방어 구조를
### 포기해야 하는 이유

ㄴ씨에게 그 틀은 10대 초반 겪었던 삶의 결정적 위기에서 자신을 지키게 해준 방어 구조(構造)였다. 가족이 와해되는 위기 속에서 타인을 돌보는 데 집중함으로써, 자신의 절망과 무너짐을 막을 수 있었고 가족을 지탱할 수 있었다. 그 틀은 대인 관계에서 그리고 사회생활에서 자신의 안전을 지키기 위한 구조가 되었다. 다른 사람을 먼저 생각하고 그들에게 맞춤으로써 자신의 위치를 찾을 수 있었고 그럼으로써 타인들을 자기 옆에 머무르게 할 수 있었다. 그러므로 그러한 틀을 포기하는 것은 자기 자신을 내려놓는 것만큼이나 어려운 일이었다. 그가 그것을 내려놓기 어렵게 만드는 또 하나의 요인이 있었다. 그의 삶의 방식이 겉으로는 타인 앞에서나 하나님 앞에서 자기 부정을 잘하는 것처럼 보이므로, 사람들의 인정과 칭찬을 받을 수 있었다. 그러므로 그가 그것을 포기하는 것은 쉬운 일이 아니었다.

어쩌면 생활 태도 자체가 자기 부정의 성향을 가지고 있으므로, 그에게는 더 이상의 자기 부정이 필요 없는 것처럼 보인다. 그러나 하나님 앞에서 진정한 자기 부정이란 어떤 행동이나 욕구를 포기하는 것이 아니다. 가장 핵심적인 자기 부정은 방어적인 삶의 방식을 유지하기 위해 지금까지 만들어온 삶의 틀을 내려놓는 것이다. 그러므로 이전에는 상상하지 못했던 자기 부정의 과제가 그에게 남아 있었던 것이다.

### 한쪽이 희생되는 시소 타기 vs 포개어지는 두 개의 원

ㄴ씨가 이 삶의 틀을 내려놓을 수 있었던 것은 상담가와의 관계 속에서 새롭게 발견한 '나'의 경험 때문이었고, 그러한 과정 속에서 새롭게 만난 하나님의 은혜 경험 때문이었다. ㄴ씨는 자신이 갖는 느낌들(감정 및 몸의 감각과 욕구)을 '나'의 중요한 경험으로서 받아들이기 시작하였다. 그는 자신이 살아온 방식을 시소에 비유하였다. 시소의 한쪽은 타인의 복지이고 반대쪽은 나의 욕구이다. 도덕적 규칙이나 타인의 복지를 위해 사느라 한쪽의 시소가 올라가면, 당연히 시소의 다른 쪽인 나의 느낌과 욕구는 내려가서 희생될 수밖에 없다. 따라서 양자는 결코 양립할 수 없고, 반드시 한쪽은 희생되어야 한다. 이러한 대치는 하나님과의 관계에서도 나타난다. 하나님께 헌신하여 한쪽의 시소가 올라가면, 시소의 다른 쪽인 나의 느낌과 욕구는 무시되고 정죄되어야 한다. 그러므로 ㄴ씨의 삶은 자신에 대한 끊임없는 정죄와 죄책감으로 이어져 왔다. 이제 자신의 느낌들을 점차 받아들이게 되면서 그는 새로운 이미지를 떠올렸다. 그것은 두 개의 원이 만나는 것이었다. 나의 원과 너의 원이 만나면 포개어지는 부분이 있고 포개어지지 않는 부분이 있다. 포개어지는 부분에서도 어느 한쪽이 희생되지 않는다. 나와 너가 그대로 살아있으면서도 서로 어울린다. 포개어지지 않는 부분들 또한 각자의 영역으로서 존중된다. 이러한 이미지에서는 시소처럼 어느 한쪽이 희생되거나 무시되지 않는다.

그가 이러한 경험을 여자친구와 나누었을 때, 그녀는 놀라운 말을 들려주었다. "나는 나를 위해서 당신이 희생하는 것이 아니라, 당신이 원하는 것을 하기를 원해요." 이는 전혀 예상치 못했던 말이었다. 그는 자신이 그녀를 위해서 희생하는 것을 그녀가 이해하고 고마워해주기를 원했다. 그래서 자신의 희생을 아랑곳하지 않는 그녀의 태도에 화가 났다. 그런데 그녀는 그의 희생이 아닌 그의 진실을 원했던 것이다. 그는 하나님과의 관계에서도 같은 경험을 하였다. 예수 그리스도는 그가 무엇을 해서가 아니라 있는 그대로의 그를 사랑하신다는 것을 깨닫게 되면서, 큰 위로를 경험하였다. 자신의 내적 열망과 감정을 반드시 버려야만 하나님이 그를 사랑하는 것이 아님을 받아들이게 되었다. 하나님은 그의 헌신을 요구하시기 전에 먼저 그의 진실을 존중하고 그와의 진실한 관계를 원하신다는 것을 깨달았다. 하나님을 향한 헌신은 조건이나 대가(代價)의 결과가 아니라 진실한 사랑의 관계의 자연스러운 결과인 것이다.

### 희생이 아니라
### 진실이 먼저이다

하나님과의 일치를 향하는 길에서는 희생이 먼저가 아니라 진실이 먼저이다. 무언가를 하는 것보다도 나를 있는 그대로 고백하는 것이 먼저이다. 하나님과의 일치는 나의 희생을 대가로 얻어지는 관계가 아니라 진실을 나눔으로써 일어나는 관계이다. 이것은 사람들 사이 사랑의 관계에서도 마찬가지이다. ㄴ씨는 10대 이후에 자신을 객(客)이라고 생각해왔다. 어디에도 안정되게 속하지 못하는 자신을 나그네처럼 생각하였다. 그래서 사람들에게 받아들여지기 위해 애를 써야 했다. 하나님에게 받아들여지기 위해서 하나님이 요구하시는 성결한 삶을 유지하려고 무진 애를 썼다. 그것이 불가능하다는 것을 발견하고서 자포자기할 때도 있었다. 그는 이제 자신이 객이 아니라 순례자(pilgrim)의 여정을 걷고 있다고 생각한다. 객이 하나님의 영역 밖에 있으면서 그 안으로 들어가려고 계속 시험을 치르는 모습이라면, 순례자는 하나님의 영역 안에 있으면서 내적인 거룩함의 완성을 향하여 걷는다. 우리가 예수 그리스도를 믿음으로 바라볼 때, 우리는 이미 하나님의 영역 안에 들어가 있다. 내가 진실로 진실로 너희에게 이르노니 내 말을 듣고 또 나 보내신 이를 믿는 자는 영생을 얻었고 심판에 이르지 아니하나니 사망에서 생명으로 옮겼느니라(요 5:24). 그러므로 사람이 의롭다 하심을 얻는 것은 율법의 행위에 있지 않고 믿음으로 되는 줄 우리가 인정하노라(롬 3:28).

예수 그리스도를 통하여 하나님의 영역 안에 들어가 있다고 할지라도, 순례자의 길은 계속적인 자기 초월의 과정이다.

# 8 하나님과의 일치를 향하여

### 우리는 죄에 대해
### 오해하고 있었다

ㄴ씨는 죄에 대하여 새로운 관점을 갖기 시작했다. 전에는 타인의 요구에 부응하지 못하거나 성경과 교회의 요구를 따르지 못하는 것이 죄라고 생각했지만, 이제는 자기 방어적인 틀에 갇혀서 사는 것이 더 본질적인 문제라고 생각하게 되었다.

앞 장에서 나를 긍정하는 동시에 나를 초월하는 궁극적 목적이 무엇인지를 언급하였다. 나의 확장을 통하여 이웃과 사회와 세계를 온전히 품는 사랑의 영으로 성숙하는 것이 바로 하나님의 창조의 목적이고 참된 나의 모습이며, 이에 이르지 못하는 것이 죄다. 그러므로 구체적인 하나하나의 행위가 죄가 될 수는 있지만, 사실은 이웃과 사회와 세계를 온전히 품는 사랑의 영으로 성숙하는 과정이 어디에선가 중단되었다는 것이 더 본질적인 문제이다.

이러한 중단은 대개 자기 방어적 틀에 갇혀 있는 것과 관련 있다. 자기 방어는 일반적으로 건강한 자기 존중의 부족과 연결된다. 건강한 자기 존중에 대해 3장에서 세 가지로 설명했는데, 자신의 경험에 대한 있는 그대로의 존중, 타인에 대한 이해와 존중, 그리고 현재 상황에 대한 적절한 이해 등이다. 이같이 건강한 수용과 존중이 장애를 겪을 때, 우리 내면에 있는 두려움의 동기 또는 욕망의 동기 등이 과장되게 나타난다(이러한 동기가 지나치지 않다면 반드시 나쁜 것은 아니다). 과장된 두려움은 자기를 위축시키고, 과장된 욕망은 자기를 지나치게 앞세운다. 두려움 속에서 자기를 위축시키면 자기를 건강하게 긍정하지 못하고 타자에게 의존하게 된다. 반대로 욕망에 사로잡히면 자신의 욕망을 앞세우게 되면서 타자를 건강하게 긍정하지 못한다. 많은 경우 우리는 이 두 가지 경향이 교차하면서 자기 자신도 그리고 타인도 건강하게 긍정하고 사랑하지 못한다. 결국 자기 방어에 사로잡힌 우리는 '나'를 진정으로 신뢰하고 긍정하지 못하면서 동시에 타인을 향한 진실한 개방을 두려워하게 된다. 이렇게 우리는 진실한 사랑의 영으로 성숙하는 과정에서 장애를 겪는다. 이것이 죄의 본질적인 모습이 아닐까?

### 새로운 차원의 기쁨
### 새로운 비전

ㄴ씨는 예전에는 여자친구가 행복하면 괜찮고 자신이 행복하면 죄책감이 들었다. 그런데 이제는 함께 행복하고 즐거울 수 있다는 것을 발견하고 신기해한다. '이게 가능하다니!' 나와 여자친구를 동시에 존중할 수 있다는 것은 새로운 차원의 기쁨이다. 사실은 이것이 "네 이웃을 네 몸과 같이 사랑하라"는 말씀의 기본 원리이다. ㄴ씨는 이제 나와 너의 조화로운 공동체의 창조라는 새로운 비전을 갖게 되었다.

그는 하나님과의 관계에서도 새로운 경험을 하며 새로운 비전을 바라보고 있다. 나와 너의 상호 존중과 사랑은 더 나아가 이웃 공동체, 사회 공동체, 세계 공동체로 확대된다. 그리고 그 모든 것을 포괄하는 하나님과의 일치가 있다. 하나님과의 일치 경험은 나의 존중과 행복으로 끝나지 않는다. 하나님과의 일치는 나의 가족의 존중과 행복으로 끝나지 않는다. 하나님과의 일치는 나의 새 창조, 이웃의 새 창조, 사회의 새 창조, 더 나아가 조화로운 세계의 새 창조로 이어진다. 그리고 거기에 바로 하나님 나라가 있다. 에베소서는 우리에게 웅대한 비전을 보여준다.

이는 그가 모든 지혜와 총명을 우리에게 넘치게 하사 그 뜻의 비밀을 우리에게 알리신 것이요 그의 기뻐하심을 따라 그리스도 안에서 때가 찬 경륜을 위하여 예정하신 것이니 하늘에 있는 것이나 땅에 있는 것이 다 그리스도 안에서 통일되게 하려 하심이라(엡 1:8~10).

ㄴ씨는 하나님을 향한 발걸음이 반드시 자기의 억압이 되어야 하는 것이 아님을 점차 발견하고 있다. "그러므로 우리가 낙심하지 아니하노니 우리의 겉사람은 낡아지나 우리의 속사람은 날로 새로워지도다(고후 4:16)." '겉사람'이 세상 풍조에 따라 형성된 거짓된 나라면, '속사람'은 하나님 안에서 나의 진실을 따라 형성되어 가는 나만의 고유한 참된 나이다. 하나님을 향해 가는 과정에서, 겉사람 또는 방어적 자기는 계속 포기해야 하겠지만, 속사람 또는 참된 자기는 지속적으로 긍정하고 완성해갈 것이다.

## 하나님과의 관계를 위해
## 필요한 태도

ㄴ씨는 하나님과의 관계에서 세 가지 방향을 정하였다. 첫째, 하나님을 위해서 무엇을 함으로써 하나님의 호의를 구하려 하는 태도를 내려놓고, 대신 자신의 진실한 모습들을 있는 그대로 하나님께 고백하고 은혜를 구하는 것이다. 둘째, 자신의 내면에서 일어나는 감정, 욕구, 필요 등을 판단하고 정죄하기보다 그것들을 일단 받아들이고 그대로 하나님 앞으로 가져가는 것이다. 특히 부정적 감정들, 예를 들면 분노와 같은 감정들은 예전에는 무조건 정죄하고 없애려고 하였지만, 이제는 그런 감정들조차 하나님 앞

으로 가져가서 고백하고 잠잠히 성찰한다. 셋째, 무엇을 하나님 앞에 가져가든지 고백한 후에는 모든 것을 내맡기고 마음을 온전히 비우고 은혜를 기다리는 것이다.

그의 이러한 태도는 하나님과의 관계에서 다음과 같은 중요한 요소를 내포한다. 하나님을 향한 신뢰, 하나님과의 관계에서의 자기 수용, 그리고 하나님의 타자성(他者性) 존중 등이다.

## 우리의 뜻과 의지를 초월하시는 하나님의 타자성

하나님의 타자성은 – 낯설게 들릴 수 있는데 – 중요한 의미를 가졌으므로 설명이 필요하다. 하나님을 향한 미신적인 또는 미숙한 태도에서 성숙한 태도로의 전환은 하나님의 타자성을 받아들이느냐, 받아들이지 않느냐에 달려 있다. 미신적인 태도란 하나님을 내 맘대로 움직이려 하는 것이다. 내 뜻대로 되게 하기 위해 여러 가지 종교적 행위를 하는 것 역시 여기에 포함된다. 하나님을 내 마음대로 움직이려 할 때, 그 하나님은 투사된(마음속에 그려낸 이미지) 하나님이 된다. 일부 학자는 이를 '만들어진 신(R. Dawkins)'이라고 비판할지도 모른다. 하나님은 우리의 기도를 들으시고 우리에게 은혜를 베푸시지만, 여전히 하나님은 우리의 뜻과 의지를 무한히 초월하시는 존재이다. 무한히 초월하시는 타자라는 의미에서 절대적 타자라는 말을 사용하기도 한다. 그러므로 우리는 마음을 다해 기도를 드리지만, 다른 한편으로는 우리의 모든 뜻과 의지를 내려놓고 절대적 타자이신 하나님의 섭리 앞에 빈 마음으로 서는 것이다.

## ஃ 새롭게 변형된 나를 만나는 순간

이처럼 우리가 하나님과의 일치를 향하여 순례의 길을 간다고 할지라도, 그 과정에서 우리는 언제나 불완전할 수밖에 없다. 우리가 자기 방어의 틀을 내려놓기 위해 끊임없이 기도하고 노력할지라도, 살아있는 한 자기 방어적 요소를 완전히 씻어내지는 못한다. 그러므로 우리는 이웃과 사회와 세계를 품는 사랑의 영으로 온전히 살아가지 못한다. 우리는 모두 죄인이다.

### 거룩하신 하나님 앞에 서기

성서에서 하나님은 세계를 창조하시고 섭리하시고 심판하시는 전지전능한 주권자(主權者 the Sovereign Lord)로 묘사되어 있다. 이러한 묘사가 개념적 서술이라면, 우리가 직접 경험하는 하나님은 우리에게 거룩한 느낌으로 다가온다. 사람은 하나님을 거룩한 존재로 경험한다. 이 거룩함의 경험은 도덕적 경험이라기보다는 신비적 경험에 가깝다. 옷토(R. Otto)는 하나님의 거룩하심의 경험을 두려움(tremendum), 압도성(majestas), 활력성(Energie), 신비(mysterium) 등으로 묘사하였다.[8] 하나님의 신비는 우리를 압도하며 우리가 경외감에 사로잡히게 만든다. 우리는 그 경험 속에서 깊이를 알 수 없는 힘과 활력을 경험한다. 하나님은 빛과 사랑 그 자체이시며, 완전한 조화와 완전한 선을 이루시는 궁극적 전체성이시다. 허점과 부조화로 얼룩진

---

8 | 루돌프 옷토, 길희성 옮김, 『성스러움의 의미』 (분도출판사, 1987), 47~91.

우리는 그 앞에서 엎드러질 수밖에 없다.

모세는 떨기나무 앞에서 하나님을 만났을 때 두려워서 얼굴을 가렸다(출 3:6). 이사야는 하나님을 뵈었을 때, "나여 망하게 되었도다 나는 입술이 부정한 사람이요(사 6:5)"라고 고백하였다. 베드로는 예수의 무릎 아래에 엎드려 이렇게 고백한다. "주여 나를 떠나소서 나는 죄인이로소이다(눅 5:8)."

이렇게 하나님을 만나는 경험은 나의 수치(羞恥)와 한계를 깨닫는 경험이다. 나는 하나님 앞에서 나의 허점과 수치와 부족함을 인정하고 나를 내려놓을 수밖에 없다. 그러므로 기도의 시작은 나를 비우고 내려놓는 것이다. 내 마음속에서 끓어오르는 호소와 아픔이 있어서 그것을 다 고백한다고 할지라도, 그것들을 주장하는 것이 아니다. 그저 고백하며 모두 내려놓는 것이다.

그리고 우리는 마음을 비운 채 그 자리에 머무른다. 절대적 타자이신 하나님께 자유를 내드리고 기다린다. 우리는 하나님을 통제할 수 없다. 우리는 하나님을 유인할 수 없다. 우리는 하나님을 조작할 수 없다. 하나님이 우리의 자유를 존중하시듯, 우리도 하나님의 자유를 존중한다. 우리가 마음을 비운 채 머무르며 기다리는 것은 용기 있는 행위이다. 나의 뜻과 의지와 욕망을 내려놓겠다는 용기의 행위이다. 그리고 하나님을 신뢰하겠다는 용기의 표시이다. 하나님의 때까지 기다리겠다는 인내의 용기이다. 이 용기는 나의 자유의 결단이며, 자유로운 신앙의 행위를 통해 하나님을 향한 문이 열린다.

### 하나님이 임재하실 때
### 새로운 나를 경험한다

어느 순간엔가 나의 뜻과 상관없이 나 너머에서 하나님이 다가오심을 우리는 경험한다(사실 하나님은 거기에 늘 계셨지만, 나의 마음을 비웠을 때 비로소 적극적으로 우리에게 드러내신다). 그 순간 나는 안다. 이 다가오심은 내가 지은 것도 내가 끌어온 것도 아닌, 은혜의 선물로 하나님이 나에게 다가오신 것임을 안다. 그 순간 나는 이전의 나와 다르다는 것을 깨닫는다. 내가 미처 생각하지 못했던, 내가 미처 보지 못했던 나를 경험한다.

그렇다고 이전의 내가 없어지는 것이 아니다. '나'의 인격적 정체성과 자율성은 여전히 유지된다. 어부로 살아온 베드로의 인격적 정체성을 존중하셨기 때문에 예수께서는 베드로에게 "내가 너희를 사람을 낚는 어부가 되게 하리라(마 4:19)"고 말씀하신다. 주께서는 사람을 낚는 어부로서의 새로운 정체성을 향하여 나아가도록 그의 자유로운 결단을 촉구하셨고, 베드로는 스스로 결단하여 "그물을 버려두고 예수를 따르"게 된다(마 4:20). 그 순간 베드로는 자기 자신을 새롭게 경험하기 시작했을 것이다.

그리스도의 영이 우리에게 임재하실 때, 우리는 수치스러움, 잘못, 한계, 온갖 감정, 후회, 상처 등이 그대로 받아들여짐을 경험한다. 내가 도저히 받아들일 수 없었던 부끄러운 일, 엄청난 잘못으로 느껴지는 일, 마음 깊이 상처받은 일들이 새로운 관점으로 받아들여지기 시작한다. 나는 그런 수치(羞恥), 잘못, 상처에 눌려있어야 할 존재가 아님을 보기 시작한다. 그러한 아픔이 있을지라도 그것이 나의 전부가 아님을 인식하기 시작한다. 예수 그리스도께서는 그의 십자가 안에서 '나'의 그 모든 어둠, 부끄러움, 잘못, 상처를 다 끌어안으신다. 그리스도께서 십자가에서 겪으신 고통은 나의 아픔을 모두 끌어안으신다. 나는 어둡고 아프고 부끄러운 모든 것을 이제 십자가 앞에 다 털어놓고 내려놓을 수 있다. 예수께서는 나의 모든 아픔을 받아들이고 이해하시기 때문이다.

나는 새로운 관점에서 나를 보기 시작한다. 나의 수치(羞恥) 뒤에 숨어있던 빛나는 아름다움이 보이기 시작한다. 나의 잘못 뒤에 숨어있던 진실한 소망이 드러나기 시작한다. 상처받은 마음 때문에 드러나지 못했던 나의 힘, 용기, 지혜 등이 모습을 드러내기 시작한다. 예수께서는 베드로에게 사람을 낚을 수 있는 잠재성을 보여주셨다. 사막에서 수십 년 동안 양을 치던 모세에게 하나님은 이스라엘 지도자로서의 미래를 보여주셨다. 스스로 "입술이 부정한 사람"이라고 외쳤던 이사야에게 하나님은 "네 악이 제하여졌고 네 죄가 사하여졌느니라"고 말씀하시고 "내가 누구를 보내며 누가 우리를 위하여 갈꼬?"라고 물으신다. 이에 이사야는 "내가 여기 있나이다 나를 보내소서"라고 답한다(사 6:7~8). 이사야는 그 순간 새롭게 변형(變形)된 '나'를 경험한 것이다.

## 하나님과의 일치
### 나의 진실과의 일치

하나님의 영, 곧 성령의 임재 안에서 우리는 나의 진실하고 진정한 모습을 비로소 볼 수 있다. 상처와 죄로 인해 숨어 있던 나의 진실한 모습은 하나님의 은혜에 힘입어 서서히 발현되고 마침내 실현된다. 하나님과의 일치를 통해 비로소 나의 진실과의 일치가 이루어진다.

하나님의 은혜는 내가 휘두를 수 있는 도구가 아니다. 하나님의 은혜는 나의 가장 깊은 내면에서 나의 존재를 사로잡아, 내가 참되고 빛 된 존재로 회복되도록 이끌어가는 근원적 힘이다.

그리스도의 영 안에 있을 때, 우리는 근원적으로 다른 빛 가운데 들어가 있음을 경험한다. 이때 비로소 우리는 이전의 나의 존재가 어둠 가운데 있었음을 깨닫는다. 발버둥 치며 살아왔지만, 절망을 인정하지 않으려고 애쓰는 데 불과했음을 깨닫는다. 무언가를 성취하고 획득하려고 달려왔지만, 결국 수치와 상처에서 자신을 방어하려는 몸짓에 불과했음을 깨닫는다. 이제는 근원적으로 나를 긍정할 수 있다. 아무것도 하지 않고 아무것도 갖고 있지 않아도, 나의 존재를 긍정하고 나의 삶을 긍정할 수 있다. 근원적인 기쁨이 가슴 저 깊이에서 올라온다. 존재가 아름답고 삶이 빛임을 아무런 이유 없이 인정할 수 있다. 예수 그리스도의 부활의 빛이 나의 존재 안에 선물로 주어진다.

**나의 변형**

**세계의 변형**

이 세상에서 우리의 삶은 허무할 수밖에 없다. 아무리 높은 지위를 얻고, 아무리 많은 재산을 갖고, 아무리 아름다운 얼굴일지라도, 홀로 자신의 내면을 들여다볼 때, 그 안이 공허(空虛)로 가득 차 있음이 드러난다. 그리스도의 영 안에 있을 때, 이 세상의 모든 것은 그 본래의 의미를 획득한다. 아침에 뜨는 밥 한 숟가락에서, 따스하게 비치는 햇살에서, 창을 통해 들어오는 바람 한 줄기에서 우리는 경이로움을 느낀다. 사도 바울의 말처럼, 우리가 그리스도 안에 있다고 해서 세상에 속하지 못하고 세상 바깥으로 나가야 하는 것이 아니다(고전 5:10). 우리는 이 자리에 그대로 있지만, 하나님이 창조하신 이 세상의 본래적인 의미를 회복하여 창조 세계의 아름다움과 기쁨을 누리는 것이다.

그리스도의 영 안에서 우리는 잔잔한 평화를 경험한다. 그 평화의 근저에는 우리가 하나님의 영원한 세계 안에 들어와 있음을 확신하는 마음이 있다. 더 이상 나의 존재의 중심에 그리고 나의 세계의 중심에 내가 있지 않다. 나는 더 이상 그 중심에 있을 필요가 없다. 왜냐하면 내가 있는 이 세계는 하나님 안에서 영원한 하나이기 때문이다. 내가 나 자신을 붙들고 고집하면서 피곤하고 어지럽고 어수선했던 이 세계가 이제는 빛이 가득한 평화의 세계로 변형(變形)된다. 나는 그 세계 안에서 자유를 누리며 평화롭다. 보통 교회에서는 이러한 상태를 나의 존재의 중심에 그리스도를 모시고 있다고 표현한다(회심 이전에 나의 존재의 중심에 나를 두었다는 사실과 대비하기 위해 이런 표현을 쓰는 것이 아닐까?). 그런데 그리스도가 중심에 계시고 나는 주변에 있는 것이 아니다. 사실 그리스도가 전체이시고 나는 그 안에서 자유를 누리며 안식하는 것이다. 나는 나의 인격적 주체성과 자율성을 가지고 살아가면서 동시에 하나님의 영원한 세계 안에 나의 모든 것을 내맡긴다.

### 모든 것을 포기함으로써
### 모든 것을 돌려받는다

하나님과의 일치 속에서 우리는 자기 부정과 자기 긍정이 동시에 완성됨을 경험한다. 나는 그리스도 안에서 나의 모든 것을 내려놓지만, 하나님은 그 모든 것을 되돌려주시면서 또 더 많은 것을 주신다. 욥기의 마지막에서 욥이 경험한 것이 바로 이를 가리킨다. 이는 포기와 자유의 역설(逆說 paradox)이다. 모든 것을 포기함으로써 나는 방어적(defensive) 나-중심성을 내려놓는다. 이를 통해 나는 하나님의 세계 안에서 자유를 얻고 또한 포기한 그 모든 것을 돌려받는다. 역설이 아닐 수 없다. 모든 것을 포기하는 것이 자기 부정의 완결이라면, 진정한 나 자신의 모든 것을 얻는 것은 자기 긍정의 완결이다. 하나님과의 일치는 자기 부정과 자기 긍정의 완결이다.

## 새로운 존재로 변형될 때 나타나는 네 가지 현상

이와 같이 변형(變形)되어가는 '나'를 신학자 틸리히(P. Tillich)는 '새로운 존재(New Being)'라고 부른다(고후 5:17). 곧 성령으로 거듭남을 말한다(요 3:5). 새로운 존재로의 변형은 한 번에 끝나는 것이 아니라 이어지는 순례의 길이다. 이 과정에서 나타나는 보편적인 현상을 틸리히는 네 가지로 설명한다.[9] 첫째, 알아차림(awareness)의 확대이다. 이는 곧 성찰적 태도가 점점 더 깊어지는 것을 말한다. 자기 방어적 죄성의 깊이를 점점 더 인식함과 동시에, 성령의 은총 안에서 참된 나가 얼마나 광대한지를 알아차려간다(롬 7:14~8:17). 둘째, 자유(freedom)의 확장이다. 이는 내적 속박(束縛, bondage)과 외적 속박으로부터의 자유가 점점 더 늘어남을 말한다. 내적 속박은 자기 방어적 콤플렉스에서 오고, 외적 속박은 거짓된 사회적 압력(예를 들면, 성과사회의 거짓 기준들)에서 온다. 성령의 현존(Spiritual Presence) 가운데 우리의 영은 이러한 속박의 정체를 보다 분명히 인식하고 그것들에서 점차 자유로워진다. 셋째, 대인관계의 심화(深化)이다. 개인적 자유는 진정한 대인관계를 통해 균형을 이룬다. 두려움이나 욕망의 대상으로서 타인을 보기보다, 공감과 이해로서 타인에게 다가간다. 경계심과 욕심을 내려놓고 진정한 우정을 향하여 나아간다. 넷째, 부단한 자기-초월(self-transcendence)이다. 앞 장(章)에서 자신의 몸을 초월하는 것이 자기-초월이라고 말했는데, 더 넓은 의미로 표현하면, 자기의 현재 상태를 넘어서서 더 진실한 자기를 향해, 타인과의 더 진정한 관계를 향해, 그리고 하나님과의 더 깊은 일치를 향해 나아가는 것을 가리

---

9 | Paul Tillich, *Systematic Theology*, vol. III (University of Chicago Press, 1963), 231~237.

킨다. "선 줄로 생각하는 자는 넘어질까 조심하라(고전 10:12)"는 바울의 경고에서 드러나듯이, 우리의 순례의 길은 거룩함을 향한 끊임없는 여정이다. 이같이 끊임없는 변형(變形)의 과정이 성화(聖化 sanctification)이다. 우리는 모두 그리스도의 은총 안에서 성화의 여정 가운데 있다.

# 6

# 자유와 사랑

초가을 햇볕이 쏟아지는 마당에 잠자리 몇 마리가 날고 있다. 이유도 없이 목적도 없이 오직 자유를 누리려는 듯 공중을 날아다닌다. 각자 한껏 자유롭게 나는 것 같지만 일정한 공간을 벗어나지 않고 서로 어우러지며 하늘을 난다. 마치 서로를 바라보며 기쁨과 사랑을 나누려는 것처럼 계속 가까이에서 맴돈다. 잠자리들은 햇볕 속에서 왜 계속 날아다니는 것일까? 오직 사랑과 자유의 기쁨을 누리기 위해 즐겁게 나는 것은 아닐까? 우리는 왜 하루하루를 살아가는 것일까? 우리도 사랑과 자유의 기쁨을 누리기 위해 서로 어울리며 살아가는 것은 아닐까?

기쁨은 자유와 사랑의 표지이다. 자유와 사랑이 있을 때 기쁨도 있다. 주님은 우리가 이 기쁨을 누리기를 원하셨다. "내가 이것을 너희에게 이름은 내 기쁨이 너희 안에 있어 너희 기쁨을 충만하게 하려 함이라(요 15:11)." 주 안에서 성숙함에 이르면 이 기쁨을 누릴 수 있다.

본 장(章)에서는 신앙적 성숙 및 인격적 성숙의 표지인 자유와 사랑에 대해 생각해보려고 한다.

## ○ 자유로부터의 도피

우리는 정말 자유를 원하는가?

선뜻 그렇다고 대답하는 게 쉽지 않다. 우리는 본능적으로 그 대가(代價)가 얼마나 큰지 알기 때문이다.

그런데 곰곰이 따져볼 필요가 있다. 우리가 그 대가를 치르지 않기 위해 머뭇거린들, 과연 그 대가를 치르지 않을 수 있을까?

살아있음 자체가 엄청난 축복이지만, 언제나 힘든 일들도 견뎌야 함을 우리는 안다. 그래서 힘든 일들에서 도망가려고 하는 경향이 우리에게 있다.

**자유로부터 도피하는
여러 가지 방식들**

에리히 프롬은 『자유로부터의 도피』에서 자유라는 험난한 공간 앞에 현대인들이 권위, 파괴성, 대중문화 등으로 도피하는 모습을 묘사하고 있다.

내가 권위에 의존한다면 나는 권위의 그늘 아래에서 나의 개별성을 추구할 필요가 없다. 개별성을 추구하는 노고(勞苦)에서 도망칠 수 있는 것이다.

또는 타인을 지배함으로써 나의 존재감을 과시할 수 있다. 권력을 갖는 것이 강해보이지만, 실은 지배함으로써 불안을 벗어나고자 하는 것이다. 이것 역시 피지배자에 대한 의존을 통해 자신의 개별성의 추구에서 도망치는 것이다.

현대인들에게 자유로부터의 가장 큰 도피처는 대중문화이다. 다른 사람들이 하는 것을 따라가면 안전하다. 그들이 하는 만큼 하면 성공이고, 그만큼 하지 못하면 실패감에 시달린다. 성공 속에서 만족감을 느끼든, 좌절 속에서 실패감을 느끼든, 그것은 자유와는 거리가 멀다. 2장에서 언급한 성과사회는 대중문화의 대표적인 사례이다. 성과사회의 화려한 유혹을 따라감으로써 개인들은 진정한 나를 찾는 진지한 작업을 게을리한다. 어쩌면 그 진지한 작업에서 도피하기 위해 대중문화의 유혹을 좇는지도 모른다.

### 마음의 밑바닥에서 꿈틀거리는 불안

권위의 그늘 아래에서 안정감을 추구하든, 타인을 지배하는 데서 오는 존재감을 추구하든, 대중문화 속에서 성공을 추구하든, 마음의 밑바닥에서 꿈틀거리는 불안감을 지울 수는 없다. 왜냐하면 사람은 자유로부터 도피하는 것으로는 진정한 안정감을 얻을 수 없기 때문이다. 이 불안감은 죄의 신음소리이다. 죄는 우리의 영혼 속에서 신음소리를 내는데, 불안은 죄의 기본적인 신음소리이다. 불안은 여러 가지 증상으로 나타난다. 불면증, 신경증, 우울증, 초조, 시기, 질투 등이 그 예들이다. 진정한 자유로 나아가는 길이 힘겨워서 도피하지만, 도피처들이라고 해서 우리에게 안식을 주는 것은 아니다. 겉보기에 편하거나 화려해 보여도 실상 그리로 들어가면 안식 대신 불안이 우리를 기다린다.

## 멸망이 기다리는 넓은 문
## 생명의 자유가 있는 좁은 문

예수께서는 '좁은 문'을 언급하셨다. "좁은 문으로 들어가라 멸망으로 인도하는 문은 크고 그 길이 넓어 그리로 들어가는 자가 많고 생명으로 인도하는 문은 좁고 길이 협착하여 찾는 자가 적음이라(마 7:13~14)." 문이 크고 넓다는 것은 그리로 가는 사람들이 많다는 뜻이다. 너도 나도 가지만 그 결과는 그리 좋지 못하다. 곧 멸망이 기다리고 있다. 문이 좁다는 것은 그리로 가는 사람들이 많지 않고 눈에 잘 띄지도 않는다는 뜻이다. 길이 있다는 것도 사람들은 잘 모른다. 눈에 잘 띄지도 않고 화려해 보이지도 않고 편해 보이지도 않는다. 그렇지만 거기에는 생명의 자유가 있다.

사람으로 태어난 이상 그 대가를 치르는 것에서 도망할 수는 없다. 이미 살아있기 때문이다. 살아있다는 것은 엄청나고 놀라운 축복인데, 축복이 거저 오지 않는다는 것이 문제라면 문제일 수 있다. 사실 치러야 할 대가와 그에 따라오는 축복을 비교하면, 겨자씨 하나와 커다랗게 자란 나무와도 같다. 치러야 할 대가가 있지만 그것은 그 후에 주어지는 축복에 비하면 너무나도 작다. 예수께서 비유로 말씀하시는 하나님 나라의 이야기들은 이 사실을 지적한다. 사실 치러야 할 대가조차 축복이라고 말할 수 있다. 그것은 인격으로 살아가는 과정의 일부이기 때문이다. 결국 사람으로 살아가는 것은 그 전체가 축복의 과정인 셈이다. 자유의 길로 나아간다면 삶이 얼마나 큰 축복인지 알게 된다.

## 8 인격과 자유

### 나는 욕망도 상처도 감정도 아니다
### 인격이다

인생의 비밀은 사람이 인격적 존재라는 데 있다. 우리가 꼭 기억해야 할 것이 있다. 나는 욕망도 아니고, 나는 사람들에게 받은 상처도 아니고, 나는 분노나 슬픔이나 두려움도 아니고, '나는 인격이다'라는 것이다. '나'는 욕망을 경험하고, 사람들에게 받은 상처 때문에 고통스러워하고, 분노나 슬픔이나 두려움을 느끼지만, 나는 욕망도 상처도 감정도 아니다. 나는 그 모든 것을 경험하는 인격이다. 인격은 그 모든 것을 경험하지만 그것들을 초월하며, 그 모든 경험을 통합하고, 거기에 의미를 부여한다. 사람은 그가 태어나고 살아가는 데 있어서 조건에 따라 많은 영향을 받지만, 그 조건들이 그의 인격을 결정짓지는 못한다. 인격은 그 조건을 경험하지만 또한 그것들을 넘어선다. 예수께서는 사람을 신(神)이라고 부른 시편 82편 6절의 말씀을 인용하신다(요 10:34). 세상의 모든 것과 모든 경험을 초월하는 것이 인격이기 때문이다. 한 사람의 인격은 이 세상에서 유일무이(唯一無二)한 존재이며, 사실상 한 사람의 인격이 존재하기 때문에 이 세상이 의미가 있다.

### 인격을 포기한
### 부자 이야기

누가복음 12장에 나오는 부자의 비유를 살펴보자.

또 비유로 그들에게 말하여 이르시되 한 부자가 그 밭에 소출이 풍성하매 심중에 생각하여 이르되 내가 곡식 쌓아 둘 곳이 없으니 어찌할까 하고, 또 이르되 내가 이렇게 하리라 내 곳간을 헐고 더 크게 짓고 내 모든 곡식과 물건을 거기 쌓아 두리라, 또 내가 내 영혼에게 이르되 영혼아 여러 해 쓸 물건을 많이 쌓아 두었으니 평안히 쉬고 먹고 마시고 즐거워하자 하리라 하되, 하나님은 이르시되 어리석은 자여 오늘 밤에 네 영혼을 도로 찾으리니 그러면 네 준비한 것이 누구의 것이 되겠느냐(눅 12:16~20).

이 부자가 욕심을 부리거나 쾌락을 추구한 행동이 문제가 있긴 하지만, 더 근본적인 잘못은 그가 인격적 존재이기를 포기하였다는 사실이다. 그는 자신의 영혼에게 안락함과 부유함에 만족하자고 제안한다. "영혼아 여러 해 쓸 물건을 많이 쌓아 두었으니 평안히 쉬고 먹고 마시고 즐거워하자." 그러나 그의 영혼은 안락함과 부유함에 머무를 수 있는 존재가 아니다. 하나님이 말씀하신다. "어리석은 자여, 오늘 밤에 네 영혼을 도로 찾으리니." 그의 영혼은 하나님 앞에 서 있는 존재이다. 하나님이 영혼을 부르실 때 그 앞에서 그의 영혼은 자신의 전존재를 드러내고 평가받을 수밖에 없는 존재이다. 그런데 그는 자신의 인격을 안락함과 부유함에 안주시키려고 하였다. 하나님 앞에 서는 순간, 그가 가진 모든 소유와 안락함은 무의미해진다. 왜냐하면 그의 영혼 또는 그의 인격은 겨우 안락함과 부유함에서 의미를 충족시킬 수 있는 존재가 아니기 때문이다. 인격적 존재는 인격의 부분들에 불과한 안락함과 부유함에 안주할 수 없다. 인격은 인격의 전체성에 도달할 때에만 자신의 존재에서 진정한 의미를 발견한다. 작은 부분들에 불과한 안락함과 부유함에 안주하려 할 때, 인격은 내면에서 불안이 내는 소리를 듣는다. 부자는 그 불안을 잊기 위해 더 안락함과 부유함에 집착했는지도 모른다.

## 성경이 강조하는
## 인격적 존재의 가치

예수께서는 앞선 비유에 이어지는 말씀을 통해 인격적 존재란 무엇인지 설명하신다.

또 제자들에게 이르시되 그러므로 내가 너희에게 이르노니 너희 목숨을 위하여 무엇을 먹을까 몸을 위하여 무엇을 입을까 염려하지 말라. 목숨이 음식보다 중하고 몸이 의복보다 중하니라. 까마귀를 생각하라. 심지도 아니하고 거두지도 아니하며 골방도 없고 창고도 없으되 하나님이 기르시나니 너희는 새보다 얼마나 더 귀하냐. 또 너희 중에 누가 염려함으로 그 키를 한 자라도 더할 수 있느냐. 그런즉 가장 작은 일도 하지 못하면서 어찌 다른 일들을 염려하느냐. 백합화를 생각하여 보라 실도 만들지 않고 짜지도 아니하느니라. 그러나 내가 너희에게 말하노니 솔로몬의 모든 영광으로도 입은 것이 이 꽃 하나만큼 훌륭하지 못하였느니라. 오늘 있다가 내일 아궁이에 던져지는 들풀도 하나님이 이렇게 입히시거든 하물며 너희일까보냐. 믿음이 작은 자들아. 너희는 무엇을 먹을까 무엇을 마실까 하여 구하지 말며 근심하지도 말라. 이 모든 것은 세상 백성들이 구하는 것이라. 너희 아버지께서는 이런 것이 너희에게 있어야 할 것을 아시느니라. 다만 너희는 그의 나라를 구하라. 그리하면 이런 것들을 너희에게 더하시리라. 적은 무리여 무서워 말라. 너희 아버지께서 그 나라를 너희에게 주시기를 기뻐하시느니라. 너희 소유를 팔아 구제하여 낡아지지 아니하는 배낭을 만들라. 곧 하늘에 둔 바 다함이 없는 보물이니 거기는 도둑도 가까이 하는 일이 없고 좀도 먹는 일이 없느니라. 너희 보물 있는 곳에는 너희 마음도 있으리라(눅 12:22~34).

말씀에서 강조되는 내용들은 다음과 같다. 염려와 근심의 방향을 어디로 정할 것인가, 생각해볼 것이 무엇인가, 진정으로 무엇을 구할 것인가, 하나님은 무엇을 주기를 기뻐하시는가, 진정한 보물이 무엇인가. 예수께서는 우리에게 이러한 것에 대해 성찰하기를 반복적으로 권면하신다.

주님이 우리에게 무엇을 먹을까, 무엇을 마실까, 무엇을 입을까를 염려하지 말라고 권면하시는 것은, 우리가 그러한 것을 염려하며 살 수밖에 없다는 사실을 잘 아시기 때문이다. 그러나 주님은 우리가 먹고 사는 것에 대해 지나치게 염려하는 것을 걱정하신다. 그렇게까지 심하게 염려할 필요는 없다는 것을 알려주고 싶어 하신다. 하나님은 그러한 생활 필수품을 우리에게 주고자 하신다. 다만 그것이 우리가 가져야 할 전부가 아니라는 사실을 강조하시는 것이다. "너희 아버지께서는 이런 것이 너희에게 있어야 할 것을 아시느니라. 다만 너희는 그의 나라를 구하라. 그리하면 이런 것들을 너희에게 더하시리라"는 주님의 말씀을 주목해보라. 하나님은 그의 나라를 구한다고 해서 먹을 것과 입을 것을 무시하는 분이 아니다. 그의 나라 안에는 '모든' 것이 담겨 있다. 그의 나라에는 사랑과 평화와 빛이 있을 뿐만 아니라 먹을 것, 입을 것, 마실 것 등의 생활 필수품이 모두 있다.

우리가 삶에서 중요하게 여기는 것들은 집과 자동차 같은 재산, 학벌이나 학위 같은 명예, 직업이나 지위 같은 권력 등이다. 이러한 것들이 살아가는 데 결정적인 영향을 미친다는 사실을 우리는 잘 알고 있다. 그래서 우리는 그것들에 대해 '염려'한다. 그런데 참 이상하게도 성경에서는 그러한 것들이 결정적으로 중요하지 않다고 거듭해서 말한다. 성경은 그 가치를 영혼에 둔다. 다시 말하면, 사람이 영혼을 가진 인격적 존재라는 데 '결정적' 가치를 둔다.

## 바람처럼 자유로운
## 영

사람에게는 내적으로 몸이나 마음에서 요구하는 것이 있고 또 외적으로 타인과 사회가 요구하는 것이 있다. 이 요구를 우리는 삶의 조건(條件)이라고 부른다. 그것을 '조건'이라고 부르는 이유는, 그것이 인격을 결정짓지 않기 때문이다. 그것들은 인격이 살아가는 데 영향을 미치고 또 살면서 대처해야 할 조건들이지만, 그 조건들이 인격은 아니다. 반면 인격은 사람됨의 전체성을 가리킨다. 전체가 된다 함은 사람됨의 여러 요소를 단순히 합쳐놓는다는 뜻이 아니다. 전체가 된다고 하는 것은, 각 부분을 조직화(組織化)하고 각 부분에 의미를 주는 통합적 정신이 됨을 말하며, 이를 성서에서는 영(spirit)이라고 말한다. 영은 사람됨의 각 부분을 통합함으로써 그 부분들을 초월한다. 그래서 영은 하나님과 관계할 수 있으며 하나님과 동행할 수 있다. 그러므로 영이 되지 않고서는 부분적 요소를 초월하는 진정한 전체, 즉 진정한 인격이 될 수 없으며, 영이 되지 않고서는 하나님과의 일치를 향하여 나아갈 수 없다. 예수께서는 영에 대해 이렇게 묘사하신다.

바람이 임의로 불매 네가 그 소리는 들어도 어디서 와서 어디로 가는지 알지 못하나니 성령으로 난 사람도 다 그러하니라(요 3:8).

위의 묘사는 사람이 성령과 동행함으로써 영의 차원이 잘 기능하고 있는 모습이다. 이때 사람은 자유롭다. 사람됨의 여러 요소들 및 삶의 조건들을 초월하고 통합하는 기능을 잘 하고 있기 때문에, "바람이 임의로" 부는 것처럼 자유롭다.

영적 존재가 된다는 것은 가치의 우선 순위를 잘 분별하여 살아감을 말한다. 사람됨의 여러 요소에는 가치의 우선 순위가 있다. 주님께서 하나님의 나라를 먼저 구하라고 말씀하신 것은 먹고 마시고 입는 일을 무시하시는 것이 아니라, 가치의 우선 순위를 말씀하시는 것이다. 가치의 우선 순위를 분별하여 마음과 삶을 잘 통합할 수 있는 것이 바로 자유이며, 이를 통해 인격은 참으로 하나님의 영광을 드러낸다.

# 사랑과 자유

### 가족에게 상처받은
### 한 소녀의 이야기

　　　ㅇ씨는 중학교에 다닐 때 부모의 이혼을 겪었다. 1년쯤 후 아버지는 재혼하여, 그녀와 남동생은 새어머니와 함께 살게 되었다. 새어머니는 초혼이었고, 결혼 후 1년이 지나 딸을 낳았다. 새어머니는 남매를 심하게 구박하였다. 아버지가 있을 때와 없을 때 남매를 대하는 모습이 매우 달랐다. 일삼아 남매에게 욕설을 퍼부었고, 잘못하지 않은 일도 꼬투리를 잡아 혼냈다. 다음은 ㅇ씨가 쓴 글 중 일부이다.

　　난 집에 있는 것이 지옥 같았고, 집에서는 밥 한 끼조차 제대로 못 먹었다. 그리고 간신히 먹으면 체하기 일쑤였다…. 나는 태어날 때부터 몸이 약했다. 아프다는 이유 하나로도 새어머니한테 자주 혼났다. "너는 애가 어떻게 생겨먹었길래 맨날 아프다고만 하냐! 아프다는 말 지겹다, 지겨워! 너 어디 나가서 절대 아픈 척 하지 마라. 너 제대로 안 먹인다고 내가 욕먹으니까!" 그래서 그때 이후로 나는 쓰러지는 한이 있어도 절대 아프다는 말은 하지 않는다.
　　고2 때였다. 어느 날 몸이 너무 안 좋아서 야간자율학습을 못하고 집에 일찍 들어갔다. 집에 가자마자 새어머니는 나에게 집안청소를 시키셨다. 집안 전체를 쓸고 걸레질하고 설거지하고 빨래하고…. 오히려 학교에서 공부하고 온 날보다 더 지쳐서 잠이 들었다. 그날 밤 나는 혼자 방에서 이불을 뒤집어쓰고 얼마나 서럽게 울었는지 모른다. 나는 소리없이 혼자 눈물 흘리는 데 너무 익숙해져 있었다. 그 뒤로는 아프면 학교 양호실에 누워있는 한이 있어도 절대 집에는 일찍 들어가지 않았다.

대학생이 된 후에도 새어머니에게 여러 가지 일로 혼나는 것은 계속되었다. 학기 초마다 새어머니는 나를 불러 앉혀놓고 혼을 내셨다. "네 등록금 마련하느라고 내가 새벽부터 뼈 빠지게 일하고 있어. 내가 왜 이 고생을 사서 하는지… 내가 미쳤지." 그래서 나는 죄스러운 마음으로 공부했다. 그런데 2학년 때쯤 충격적인 사실을 알게 되었다. 아버지의 회사에서 학비가 나온다는 것이었다. 그 뒤로도 여전히 학기 초마다 혼이 났지만, 말대꾸조차 할 수 없었다.

가장 힘들었던 것은 생전 처음 듣는 새어머니의 일상 언어, 욕이었다. 매일 들어도 내 가슴 속엔 또 하나의 칼자국이 남을 뿐이다. 'xx년' 같은 욕들은 듣고 참을 만했다. 하지만 "개만도 못한 년, 살 가치도 없는 년, 나가서 죽어버려야 할 년" 등의 인격모독적인 욕을 들으면, 그날은 밤새 이불을 뒤집어쓰고 혼자 흐느껴 울었다. 새어머니의 욕들 때문에 나는 나 자신에 대해 자신감이 없다.

ㅇ씨와 동생은 새어머니에게 존재해서는 안 되는 아이들이었다. 그 아이들은 새어머니 자신에게, 그리고 그녀의 남편에게, 자신은 후처(後妻)에 불과하다는 사실을 상기시킨다. 이 아이들만 없으면 그녀는 남편, 갓난쟁이 딸과 단란한 가정을 이룰 수 있다. 남매에게 새어머니의 이러한 관점은 얼마나 폭력적이고 비극적인가! 사랑 어린 양육을 받아 마땅한 남매의 존엄성은 새어머니의 폭력적이고 잔인한 태도 앞에서 무참히 짓밟힌다. 재혼가정에

서 흔히 볼 수 있는 또 하나의 이상한 일은 아버지의 부재이다. 남매가 그렇게 고통 당하는데 아버지는 무얼 하고 있단 말인가? 많은 재혼 가정의 경우 아버지는 자신의 친자녀를 새로운 아내의 손에 전적으로 맡겨야 한다고 생각한다. 그래야만 가정의 평화가 유지되고 부부 관계도 원만할 것이라고 생각한다. 그 결과 새어머니에게 권력이 주어지고, 아버지와 그의 친자녀들 사이의 의사소통은 단절된다. 결국 새어머니가 폭력적인 양육을 하더라도 그 자녀들은 속수무책으로 당할 수밖에 없다.

결국 나는 새어머니의 존재로 인해 무서운 병이 하나 생겼다. 새어머니의 차 소리만 들려도 심장이 두근거리는 심장병이 생긴 것이다. '새어머니가 오셨다! 어쩌지? 오늘은 또 무슨 일로 혼이 날까?' 결국 매일 안절부절, 눈치 보다가 심장까지 고장 나 버린 것이다. 그래서 집에 있을 때 항상 심장 뛰는 소리가 내 귓가에 들린다. 고장 난 심장 소리가 가장 심하게 들리는 날은 부모님께서 싸우시다가 새어머니 입에서 내 이름이 나온 날이다. 그날은 신경성 스트레스로 밤새 두근거리는 심장을 붙들고 괴로워할 뿐, 잠을 청하지 못한다. 하루하루가 얼마나 괴로운지 겪어보지 못한 사람은 모를 것이다.

이러한 폭력적 양육의 위험성을 막기 위해, 재혼 가정의 부부는 각각 자신의 친자녀에 대해 우선적인 양육 책임을 지는 것이 좋다. ㅇ씨 가정의 경우 아버지가 자신의 친자녀의 양육을 새 아내에게 전적으로 맡기지 말고 자녀와의 의사소통을 자주 갖는 것이 좋다. 자녀의 필요와 요구에 대해 아버지가 제대로 인지하고 그에 관해 새 아내와 조율할 필요가 있다. 그렇게 할 때 ㅇ씨 남매와 같은 자녀를 고통에서 보호할 수 있다.

성장기 자녀는 가정과 부모에게 전적으로 의존하는데, 양육자가 인격을 짓밟는다면 그 고통은 말로 할 수 없다. 욕설과 폭력의 양육이 지속되면서 ㅇ씨는 자신에 대한 존중감을 자꾸 잃어갔다. 자신이 정말 못난 사람이고 나쁜 사람이 아닌가 하는 생각이 들기 시작했다. 반복적으로 인격적 모독을 당하고 존재 자체가 짓밟히면서, ㅇ씨는 자신이 꿈꾸던 직업을 가질 자격이 있는지조차 의심하기 시작했다. 자신의 고통을 주변 사람들에게 말하기 어려웠기에 친구들과의 편안한 의사소통과 자기 표현도 점차 줄어들었다.

### 변화를 이끌어낸 두 가지 사건

대학교 3학년 때 그녀에게 두 가지 중요한 사건이 있었다. 한 가지는 친구의 권유로 교회에 나가기 시작한 것이고, 다른 한 가지는 대학 상담실에서 진행하는 워크숍에 참가한 일이다. 교회에서 그녀는 따뜻한 공동체를 만날 수 있었다. 그녀에게 멘토 역할을 해준 청년부 선배는 그녀의 말을 있는 그대로 들어주었고 그녀의 아픔을 자신의 일처럼 함께 아파하였다. ㅇ씨는 기도하며 자신의 상처와 마음을 있는 그대로 드러내고 하나님께 털어놓으면서 위로받을 수 있었다. 아무도 자신을 이해할 수 없을 것이라고 생각했던 그녀는 세상에 자신을 이해해주는 존재가 있다는 사실로 큰 위로를 받았다.

그녀가 참여했던 워크숍은 용서를 주제로 한 것이었다. 참석자들이 각자 받았던 상처를 나누는 것으로 워크숍은 시작되었다. ㅇ씨는 자신의 상처들을 나누면서 깜짝 놀랐다. 모든 사람이 그녀의 이야기를 들으며 함께 아파하고 위로와 격려를 주려 하였다. 아무도 그녀가 잘못했다고 여기지 않았다. '아! 나는 잘못한 게 없구나! 나에게 상처를 준 그 사람이 문제였구나!'

이러한 발견은 그녀에게 큰 용기와 위로를 주었다.

　　　　　워크숍 지도자는 참석자들에게 개인 상담이 필요하면 요청하라고 권유하였다. 그녀는 자신의 상처, 미움, 분노 등을 혼자 감당하기 어려운 것을 알았기에 바로 상담을 신청하였다. 상담자는 ㅇ씨의 이야기를 충분히 들은 후, 그녀가 집에서 나올 가능성이 있는지 물었다. 그녀의 남동생은 이미 친어머니 집으로 옮긴 후였고 그녀 또한 친어머니에게 약간의 도움을 받고 있었기에, 가능성은 있다고 말하였다. 그녀가 집을 나오지 못하고 있는 이유는 아버지에 대한 염려 때문이었고 다른 한편으로는 새어머니에 대한 두려움 때문이었다. "제가 집을 나오면 나쁜 사람이 되는 것은 아닐까요?"라고 그녀는 물었다. 상담자는 아버지와의 대화를 권하며 이렇게 물었다. "지금 진정으로 필요한 것은 아버지와의 관계 회복이 아닐까요? 아버지가 진정으로 원하는 것은 딸의 행복이 아닐까요?" 그녀는 아버지와 긴 대화의 시간을 가졌다. 그녀가 겪어온 것을 아버지에게 말할 수 있었고, 아버지의 속마음 또한 이해할 수 있었다. 그 후로 그녀는 아버지와 자주 통화하며 보다 깊은 대화를 이어 나갔다. 그녀는 자신의 고통을 가중시키면서 그 집에 머무는 것이 누구에게도 도움이 되지 않는다는 사실을 알게 되었다.

> 갑자기 모든 게 명확해졌다. 그래서인지 마음이 너무 가벼워졌다. 정말 순식간의 일이었다. 그 기분을 어떻게 말로 표현할 수 있을까? 아무도 모를 것이다. 신기한 것은, 상담의 방향이 '상처로부터의 치유'가 아니라 '가족구조의 변화'였음에도 선생님과 많은 이야기를 나누면서 새어머니에 대한 분노의 감정이 사라져감을 발견했다는 것이다. 새어머니를 절대 용서할 수 없을 것 같았던 첫 시간의 내 모습과는 다르게, 새어머니에게 먼저 연락을 하는 등 여유로움도 보였다.

## 새로운 자유를
## 경험하다

O 씨의 마음이 가벼워진 것은 자유를 경험하였기 때문이다. 워크숍과 상담을 통해서 그녀에게 명확해진 것이 세 가지 있다. (1) 그녀가 지금까지 경험해온 고통들은 그녀의 잘못 때문이 아니다. (2) 아버지와 속 깊은 이야기를 나누어도 괜찮다. (3) 그 집을 나오는 것이 누구에게도 나쁘지 않다. 이러한 깨달음을 통해 그녀는 자유를 얻게 되었다. (1) 자신의 감정이 정당할 수 있다는 자유. (2) 아버지와 친밀한 관계를 맺어도 좋은 자유. (3) 자신에게 좋은 것이 다른 사람들에게도 좋을 수 있다는 자유.

그녀가 지금까지 겪은 고통이 그녀의 잘못 때문이 아니라면, 고통으로 인해 경험하는 분노는 정당한 것이다. 그녀의 감정이 잘못된 것이 아니고 정당하다면, 그녀는 감정을 자기 자신의 일부로 받아들이고 표현할 수 있다. 그럼으로써 진정한 자기 자신에 더 가까이 다가설 수 있다. 그녀는 진정한 자기 자신이 될 수 있는 자유에 다가선 것이다.

그녀는 진정한 자기 자신이 될 수 있는 동시에, 타인과도 진정한 관계를 맺을 가능성에 다가서고 있다. 그녀는 자신의 감정을 신뢰하지 못하면서 동시에 아버지에게 가까이 가고 싶은 욕구를 억압하였다. 지금까지의 가족 구조는 그녀가 스스로를 불신하는 동시에 타인을 불신하도록 만들었다. 그런데 그녀가 아버지에게 다가감으로써, 그 틀이 깨졌다. 이제 두 사람은 그 틀에서 자유로워져 서로를 향하여 마음을 열고 한껏 친밀함을 나누게 되었다. 이 얼마나 중요한 자유인가!

O 씨는 집을 나오고 싶었지만 죄책감을 느끼면서 행동에 옮기지 못하였다. 아버지는 재혼 가정을 아름답게 만들고 싶어 했었다. '내가 집을

나오면 아버지의 꿈을 깨뜨리는 것은 아닐까?' '내가 집을 나오면 새어머니가 아버지를 얼마나 괴롭힐까?' 아버지의 실제 마음은 예상 밖이었다. "네가 원한다면… 집을 떠나는 것이 너를 행복하게 해준다면….'' 아버지의 이러한 마음은 ㅇ씨에게 자유를 주었다. ㅇ씨를 진정으로 위하는 아버지의 마음이 그녀에게 집을 떠날 수 있는 자유를 준 것이다. 이처럼 자유 뒤에는 언제나 사랑이 있다. 내가 나 자신으로 살 수 있는 것, 내가 나의 감정들을 있는 그대로 받아들이고 표현할 수 있는 것, 내가 하고 싶은 것을 할 수 있는 것은 내가 잘나서 되는 것이 아니다. 나에게 진정한 사랑을 주는 사람들이 있기에, 그러한 자유를 내가 누리는 것이다.

## 사랑
### 모두에게 좋을 수 있는 자유

이 과정에서 ㅇ씨가 발견한 사실은 자신에게 좋은 것이 다른 사람에게도 좋을 수 있다는 것이다. 가족이든, 회사든, 국가든, 그 조직이 병리적일 때, 다른 말로 하면 그 조직에서 사랑의 관계가 결여되어 있을 때, 나에게 좋은 것과 다른 사람에게 좋은 것이 충돌하는 경향이 있다. 그래서 한쪽이 이기면 다른 쪽은 져야 하고, 한쪽이 얻으면 다른 쪽은 잃어야 한다. 그러나 사랑이 충분한 조직에서는 나에게 좋은 것이 다른 사람에게도 좋고, 반대로도 마찬가지이다. ㅇ씨는 자신에게 좋은 것이 아버지에게도 좋다는 사실을 발견하고 놀랐다. 아버지의 진심 어린 사랑 때문에 이것이 가능한 것이다. 나도 사랑하고 타인도 사랑한다면, 거리낌 없이 또는 죄책감 없이 좋은 것을 추구할 수 있는 자유를 갖는다. "너희가 내 안에 거하고 내 말이 너희 안에 거하면 무엇이든지 원하는 대로 구하라 그리하면 이루리라(요 15:7)"는 주님의 말씀은 바로 이 자유를 일컫는다. '사랑 안에서는' 내가 '무엇이든지' 원할 수 있는 자유가 있기 때문에 하나님이 이루신다.

### 인격적 실현을 향한
### 열망

ㅇ씨가 이러한 자유로 나아갈 수 있었던 것에는, 그녀에게 언제나 인격적 실현을 향한 열망이 살아있었음이 중요하게 작용하였다. 모순적인 말 같지만, 그녀의 고통이 깊을수록 그녀의 열망은 더 크게 움직인다. 교회에서 그녀는 따뜻한 이해의 공동체를 만났고, 영혼의 가치를 향한 하나님의 부르심을 만났다. 그녀의 인격적 실현을 향한 열망이 하나님의 부르심 안에서 방향과 힘을 얻었다. 엄청난 고통을 안겨주며 인격을 억누르는 삶의 조건 속에서 몸부림쳤지만, 그 조건이 그녀의 영혼의 열망을 잠재우지는 못하였다. 워크숍과 상담은 그녀가 그 조건을 어떻게 이해하고 어떻게 대처할지 알게 해주었다.

### 자유
### 자비를 가능하게 하다

ㅇ씨는 새어머니에 대해서도 새로운 관계를 모색하였다. 새어머니는 그녀에게 너무나 큰 고통과 모욕을 주고 이중적인 삶의 모습을 많이 보여주었다. ㅇ씨로서는 자신 안에 있는 분노가 너무 커서 그 감정을 해소한다는 것 자체가 불가능해 보였다. 그런데 놀랍게도 그녀는 이 과제에 도전하였다. 교회 공동체에서 따뜻한 이해와 공감을 받은 것, 워크숍을 통하여 자신의

감정을 있는 그대로 인정할 수 있었던 것, 그리고 상담을 통하여 집을 나오게 된 것 등이 이러한 도전을 가능하게 만들었다.

워크숍 과정 중, 자신에게 상처 준 사람을 하나의 인간으로서 바라보는 시간이 있었다. 새어머니가 살아온 삶을 생각해보면서 ㅇ씨는 새어머니가 불쌍한 사람일 수 있다는 생각을 하게 되었다. "하나님이 '긍휼'이라는 마음을 주셨다"고 그녀는 말한다. 어떻게 이것이 가능할까? "원수를 사랑(마 5:44)"하라는 예수님의 말씀이 어떻게 가능할까? 원수 같은 새어머니에게 어떻게 자비(慈悲)를 베풀 수 있을까? 이것이 가능한 것은, 새어머니가 더 이상 속박할 수 없는 자유로운 공간을 그녀가 확보했기 때문이다. 이러한 공간은 영적으로든, 심리적으로든, 그리고 물리적으로든 확보할 수 있다. ㅇ씨의 경우에는, 하나님과의 관계에서 사랑과 돌봄을 받음으로써 영적인 공간을 확보할 수 있었고, 자신의 감정을 충분히 존중함으로써 심리적인 공간을 확보할 수 있었고, 집을 나옴으로써 물리적인 공간을 확보할 수 있었다. 그녀가 새어머니의 영역을 넘어서는 자원(資源)들을 확보했기 때문에, 새어머니를 더 넓은 눈으로 바라보고 불쌍히 여길 수 있는 가능성을 가진 것이다. 이러한 공간과 자원을 확보하지 못한 상태에서 '원수를 사랑'하려는 것은 억지 또는 가식이 될 수 있다. 원수를 사랑하라는 예수님의 말씀은 우리가 더 넓은 공간으로 나아갈 수 있다는 가능성을 선언하시는 것이지 억지 사랑을 하라는 것이 아니다. 자유가 자비를 가능하게 하는 것이다.

## 치유와 변화가
### 시작되다

ㅇ씨와 새어머니의 관계에 결정적인 변화의 계기가 있었다. 그녀

가 친어머니의 집으로 옮긴 지 1년쯤 후 친아버지에게 전화를 받았다. 새어머니가 입원하였는데 도움을 줄 수 있냐는 것이었다. ㅇ씨는 시간이 허락되면 곧장 병원을 방문하여 새어머니를 도왔다. 새어머니는 불편해하면서도 한편으로는 고마워하였다. 새어머니는 작고, 늙고, 불쌍해보였다. 새어머니는 자신의 힘든 일들을 ㅇ씨에게 털어놓기도 하였다. 새어머니는 자신이 ㅇ씨 남매에게 "왜 그랬는지 모르겠다"고 하면서 미안하다는 말도 하였다. ㅇ씨는 미안하다는 그 말 한 마디를 얼마나 듣고 싶었는지 모른다.

ㅇ씨는 자신이 꿈꾸던 사회복지사 일을 시작하였다. 어려움 가운데 있는 어린이와 청소년을 도우면서 자신과 비슷한 처지에 있는 아이들을 만나기도 하였다. 그럴 때 그녀는 진심으로 그들의 고통을 공감할 수 있었다. 그로부터 몇 년 후 ㅇ씨는 마음의 변화 과정을 다음과 같이 표현하였다.

나는 새어머니와 살면서 "너는 태어나지 말았어야 해" "너는 개만도 못해" 등의 말을 수없이 들었기 때문에 나를 사랑하는 것이 가장 어려웠다. 나는 완벽해야만 사람들에게 사랑받을 수 있을 것이라고 생각하였다. 나는 자기 비난을 많이 하였고 완벽주의에 시달렸다. 교회에 나가게 되었을 때 하나님은 있는 모습 그대로 너를 사랑하신다는 말을 가장 많이 주셨다. 당시 나의 자존감은 바닥이었지만, 지금 나를 보면 잘 이겨내준 나 자신이 기특하다는 생각을 한다. 지금은 자기 비난을 별로 하지 않고 나의 실수에 대해 관용적이다.

나는 사람들에게 나의 아픔이나 약함을 결코 털어놓지 않았다. 내가 독하다고 할 정도로 표현하지 않았다. 그러면서도 다른 사람의 시선을 엄청 신경 썼다. 눈칫밥 먹는 사람의 특징이랄까. 지금도 어느 정도는 남아 있으나 자기 이야기를 하는 데 두려움이 많이 없어졌다. 친구들에게도 속내를 이야기할 수 있고 마음을 터놓을 수 있다. 전에는 억지로 웃음 짓고 억지로 괜찮은 척했지만, 지금은 나의 약함과 아픈 얘기들을 말할 수 있게 되었다. 더 이상 과거의 상처 안에 머물러 있지 않다. 워크숍을 하면서 그 상처들을 마주할 때 몸에 경련을 일으킬 정도였지만, 지금은 크게 아프지 않다. 상처받은 자신을 보는 것이 아니라 회복된 자신을 본다. 지금은 아픔보다는 기쁨을 누린다.

나를 사랑해준 사람들을 만났던 것이 나에게 가장 큰 도움이 되었다. 중학교 때 만났던 친구들은 그동안 나를 끊임없이 지원해주었다. 그리고 남동생과 나는 서로를 가장 잘 이해하고 서로를 가장 염려했다. 둘이 있었기에 어려운 상황들을 버텨냈는지도 모른다. 교회에서 만난 사람들은 나의 새로운 가족이라고 해도 과언이 아니다. 그분들은 나의 약함을 보듬어주었다. 하나님께 기도할 수 있었던 것은 나에게 정말 큰 행운이었던 것 같다. 하나님은 나에게 있는 그대로의 너를 사랑한다고 끊임없이 말씀하셨다. 내가 기도하면서 나의 속마음과 아픔들을 털어놓을 때 하나님은 그 모든 것을 있는 그대로 받아주셨다. 그것이 얼마나 큰 위로였는지 모른다. 워크숍과 상담을 통해 나는 새어머니라는 감옥에서 벗어날 수 있었다. 새어머니를 향한 분노를 나는 인정하고 받아들일 수 있었고 그 집을 떠날 수 있었다. 그 후로 나는 나의 길을 갈 수 있는 자유를 가질 수 있었다.

    ㅇ씨는 사랑을 통하여 자기 자신이 될 수 있는 자유를 얻었고, 자유를 통하여 타인을 마음껏 사랑할 수 있는 길을 걸을 수 있었다.

## 사랑은
## 자유의 원천이다

o씨의 이야기에서 우리가 알 수 있는 것은, '나'가 먼저 있고 '사랑'이 있는 것이 아니라, '사랑'이 먼저 있고 그 기반 위에 '나'를 세운다는 것이다. 아이의 성장 과정을 보면 이는 명확하다. 아이의 '나'는 돌보는 사람의 충분한 사랑 안에서 태어난다. 사랑이 인격을 만드는 것이다. 한 사람이 인격이 될 수 있는 것은, 사랑의 돌봄으로 자기 자신이 될 수 있는 자유를 얻었기 때문이다. 자신의 감정을 있는 그대로 확인하고 받아들이는 자유, 자신의 생각을 인식하고 자유롭게 표현하는 자유, 자신의 의도를 스스로 인정하고 행동하는 자유 등을 통해서 사람은 진정한 자기 자신일 수 있다. 개인에게 이러한 자유를 주는 것을 우리는 사랑이라고 부른다. 사랑은 내가 주고 싶은 것을 주는 것이 아니다. 사랑은 받고 싶은 사람의 인격적 자유를 헤아려 존중하고 지원하는 것을 말한다. 다시 말하면, 사랑은 받는 사람의 자유를 존중하고 확장해 주는 것이다.

우리는 예수님에게서 완성된 사랑을 본다. 주님은 이렇게 말씀하셨다. "내 계명은 곧 내가 너희를 사랑한 것 같이 너희도 서로 사랑하라 하는 이것이니라 사람이 친구를 위하여 자기 목숨을 버리면 이보다 더 큰 사랑이 없나니(요 15:12~13)." 친구를 위하여 자기 목숨을 버린다는 말씀을 넓게 해석하면, 친구와의 관계에서 자기를 내세우지 않고 이해하고 배려함을 뜻한다. 친구를 사랑한다는 것은 친구가 진정한 자기 자신이 될 수 있는 자유를 누리도록 돕는 것이다. 이것이 아기를 돌보고 자녀를 양육하는 기본 원리이다. 이러한 자유를 누리도록 사랑을 받으면 인격이 자란다. 예수께서는 이 땅에 계실 때 만나는 사람마다 그 사람의 깊은 소원에 귀를 기울이셨다. 주께서는 자주 이렇게 물으셨다. "너희에게 무엇을 하여 주기를 원하느냐(마 20:32)." 주께서는 자주 이렇게 말씀하셨다. "네 믿음이 너를 구원하였다(마 9:22)." 주께서 주고 싶었던 것은, 그 사람이 인격적 자유를 회복하여 자신과 타인과 하나님을 진정으로 자유롭게 사랑하게 하는 것이었다.

### 사랑은
### 자유의 실현이다

신학자 지지울라스(John D. Zizioulas)는 "하나님이 존재하지 않는다면, 인격도 존재하지 않는다"고 말한다.[10] 자유와 사랑의 하나님의 인격 안에서만 자유와 사랑의 사람의 인격이 존재하기 때문이다. 아기의 '나'를 세워주는 엄마(또는 돌보는 이)의 사랑은 하나님의 사랑이 현현(顯現)되는 한 통로이다.

지지울라스는 또 이렇게 말한다. "자유를 행사하는 유일한 방식이 사랑이다."[11] 사랑하지 않는다면, 인격은 자신의 욕망 속에 갇혀버리거나 타인과의 경쟁에 파묻혀 버린다. 내가 나를 위해 존재한다면 나에게 자유는 없다. 내가 타인을 지배하거나 또는 타인에게 종속되어 있다면 나는 자유롭지 못하다. 인격은 사랑함으로써만 욕망, 지배와 종속, 죽음의 두려움 등에서 자유로울 수 있다. 사랑만이 타인을 제한이나 위협으로 경험하지 않으며, 자신과 타인을 동시에 인정하고 받아들일 수 있다. 그러므로 사랑 안에서만 나와 너는 완전한 자유를 공유할 수 있다. 곧 진정한 인격은 사랑하는 인격이며 자유로운 인격이다.

---

10 | 존 지지울라스, 이세형/정애성 옮김, 『친교로서의 존재』 (삼원서원: 2012), 45.
11 | 위의 책, 46.

## 죄

사람은 자유로운 인격, 사랑의 영으로서 성장하고 살아갈 가능성을 안고 태어난다. 그런데 개인뿐만 아니라 인간 사회는 그러한 가능성을 충분히 실현하지 못하였다. 이것이 죄이다. 이것은 개인의 죄일 뿐만 아니라 인간 사회의 죄이다. 왜냐하면 사회는 개인의 인격적 성장 과정에 지대한 영향을 미치기 때문이다. 인간 역사에서 이러한 죄가 끊임없이 되풀이되는 것을 원죄(原罪)라고 부를 수 있을 것이다. 누구도 이 죄의 굴레에서 자유롭지 못하다. 예수 그리스도의 죽음은 인간 사회의 죄가 얼마나 깊은지 극명하게 보여주는 동시에, 그 죄를 향한 하나님의 태도를 분명히 보여준다. 그리스도께서는 죽음으로 기꺼이 들어가실 정도로, 죄 아래 있는 우리의 고통을 깊이 공감하셨으며, 우리의 잘못을 지적하고 벌하기보다는, 우리의 부족함을 이해하고 용서하기를 원하셨다.

많은 경우 우리는 죄에 관하여 표면적으로 이해하거나 죄의 결과를 지나치게 경직되게 생각한다. 그래서 우리는 종종 사소한 일들에 매이고 스스로를 정죄한다. 다음의 사례를 통해 함께 생각해보자.

한 기독교 종합병원 원목실에 입원 환자가 전화를 했다. 안과 수술을 앞두고 검사 중인데 기도를 해달라는 부탁이었다. 원목(병원에서 입원 환자를 돌보는 목사)은 시간 약속을 한 뒤, 시간에 맞춰 병실을 방문하였다. 환자 ㅊ씨는 40대 중반쯤 되는 여성이었다. 얼마 전부터 눈이 아파 검사를 받았는데 수술이 필요해서 입원한 상태였다. 현재 여러 가지 검사를 받으면서 수술을 준비하고 있는데, 마음이 답답하여 마음을 털어놓고 위로를 받고 싶어 원목실에 전화했다고 하였다. 그녀는 수술을 생각하면 마음이 불안하여 안절부절못한다고 하였다. 또한 집을 여러 날 비워야 하니 남편과 아이들이 식사나 제대로 할지 집안일에 대해서도 걱정이 많았다.

ㅊ씨와 남편은 교회에 다니고 있으며, 부부 모두 집사였다. 슬하에는 두 아들이 있었다. 원목이 그녀의 불안과 걱정에 대해 공감하면서 들어주자, 그녀는 더 깊은 고민을 털어놓기 시작하였다. 작년에 사업이 어려워진 시동생이 집에 자주 찾아왔다고 하였다. 그는 여러 가지 이유를 대면서 그녀의 남편에게 재정적인 도움을 요청하였다. 처음에는 '어려우니까 그러겠지'라고 생각하면서 받아들였지만, 요청이 반복되자 걱정이 되기 시작했다. 남편은 딱 끊지 못하고 자꾸 도움을 주고 있었다. '이러다가 우리 집까지 망하는 것은 아닐까?' 하는 생각에 그녀는 노심초사하게 되었다. 남편에게 그만 도우라고 말하면, 남편은 알았다고 하고는 입을 다물어버렸다. 두 사람 사이에 말다툼이 잦아졌다. 그녀는 시동생이 생각나면 "저 사람이 내 눈앞에 보이지 않았으면…"이라고 하루에도 몇 번씩 중얼거리게 되었다.

눈이 불편해진 후 그녀는 기도하는 중에 자신이 "저 사람이 내 눈앞에 보이지 않았으면…" 하고 많이 중얼거렸다는 사실이 생각났다. '내가 그런 말을 자꾸 해서 하나님이 내 눈에 병이 생기게 하셨나' 싶어지면서 마치 큰 죄를 지은 것처럼 죄책감이 몰려왔다. '이러다가 정말 눈이 안 보이게 되면 어떡하지' 하는 생각으로 두려움이 커졌다. 그녀는 원목에게 "내가 그런 말을 자꾸 중얼거려서 하나님이 나에게 벌을 내리신 것인가요?" 하고 물었다.

**나의 죄 때문일까?**

**과연 무엇이 죄일까?**

눈 수술을 앞둔 환자 ㅊ씨는 눈의 질병이 생긴 원인으로 자신이 "저 사람이 내 눈앞에 보이지 않았으면…" 하고 중얼거렸던 일을 지목한다. 그리고 하나님이 그에 대한 벌로 눈병이 나게 하였다고 생각한다. 물론 그런 말을 중얼거리게 된 배후에는 시동생에 대한 미움이 자리 잡고 있었기 때문이니, 그녀의 그러한 상태가 죄의 상태라고 볼 수는 있다. 그러나 그녀가 처한 상황 속에서, 문제는 시동생에 대한 그녀의 미움만이 아니다. 시동생의 무책임하고 의존적인 태도가 그녀의 가정에 갈등을 촉발시켰고, 그녀의 남편은 자신의 동생과의 관계에서 분명하고 책임적인 경계를 짓지 못하였다. 이 문제와 관련해 남편과 아내의 관계가 서걱거렸다. 아내는 남편이 일을 분명하게 처리하지 못해 가정 경제가 파탄날까 봐 노심초사했다. 그는 아내를 이해시키지도 못하고 적절하게 설득하지도 못하고 있었다. 시동생의 문제는 부부 사이의 갈등으로, 가정 경제의 위기로 악화되었다. 이 모든 것이 다 죄의 상태이다. 그런데 세 사람 중 ㅊ씨가 가장 스트레스를 심하게 받고 있었던 모양이다. 질병은 종종 스트레스 상황에서 발생한다.

ㅊ씨의 눈병은 세 사람 모두 관련된 죄의 상황과 연관이 있다. 단지 ㅊ씨가 "저 사람이 내 눈앞에 보이지 않았으면…" 하고 중얼거렸던 일 때문에 발생했다고 보는 것은 지나치게 단순한 이해이다. 하필이면 왜 눈에 병이 났을까? 그래서 ㅊ씨는 자신의 중얼거림이 죄라고 지목하였다. 그렇다면 ㅊ씨가 마음에 미움과 갈등이 가득 찼는데도 불구하고 그렇게 중얼거리지 않았으면 죄의 문제는 없는 것일까? ㅊ씨가 그렇게 중얼거리지 않아도, 그리고 ㅊ씨가 병에 걸리지 않아도, 그 가정의 죄의 문제는 여전히 존재한다. 마

침 눈에 병이 남으로써, ㅊ씨가 현재의 가정 상황과 그녀의 내면의 갈등을 돌아보게 되는 계기가 만들어진 것은 아닐까?

## 죄와 벌

ㅊ씨에게 가장 큰 위기로 느껴진 것은 무엇이었을까? 재정 경제의 파탄이었을까? 아마도 더 심각하게 그녀를 위협하였던 것은 남편과의 갈등이었을 것이다. 그녀는 시동생 문제로 남편과 말다툼을 많이 하였을 것이며, 남편과의 심각한 갈등은 그녀의 안정된 삶의 구조를 무너뜨렸을 것이다. 이런 일이 있기 이전, 서로를 돌보는 부부간 사랑의 관계는 그녀에게 안정되고 평화로운 삶의 구조가 되었고 그 안에서 그녀는 자녀를 키우고 주변 사람과 교회를 섬기는 자유를 가졌을 것이다. 그런데 사랑의 관계가 깨지고 서로를 공격하고 비난하고 의심하는 관계가 됨으로써 그녀는 자유도, 평화도, 사랑도 잃었다. 그녀는 인격적 전체성을 상실하였고 영혼의 가치를 잃었다. 이것이 죄이다.

눈병이 죄 때문이라면, 바로 이 죄와 연관될 것이다. 그렇다고 눈병에 걸린 것이 하나님이 지목하여 내린 벌일까? 눈병에 걸리기 전 그녀는 이미 죄의 대가를 혹독히 치르고 있었다. 그 죄는 물론 그녀 혼자의 죄가 아니다. 적어도 세 사람이 연관된 죄의 상황 속에서 그녀는 남편과의 안정된 사랑의 관계를 잃었고, 그로 말미암아 불안, 두려움, 낙심, 우울, 원망, 분노 등으로 큰 고통을 겪었을 것이다. 그리고 경제적 파탄의 위기 앞에서 거리에 나앉을지 모른다는 위기감을 겪었을 것이다. 눈병에 걸리기 전부터 그녀가 경험했던 모든 고통과 갈등이 이미 죄의 결과이다. 우리가 벌에 관해 말한다면, 이 상황 속에서 세 사람이 겪고 있는 모든 고통과 갈등이 이미 죄로 인한 벌이라고 말할 수 있을지 모른다.

그녀는 내적인 갈등과 스트레스 속에서 이를 제대로 나눌 사람조차 없었을지 모른다. 눈병을 하나님이 '일부러' 벌로 주셨다고 생각하기보다, 이 모든 내적 갈등과 스트레스 속에서 일어난 하나의 결과라고 보는 것이 적절하지 않을까? "죄의 삯은 사망(롬 6:23)"이라는 말씀과 같이, 죄에는 이미 죽음의 어둠이 드리운다. 죄에 대하여 하나님이 '일부러' 벌을 내리신다기보다 죄 된 삶 안에 이미 어둠이 담겨 있다. 죄 자체가 이미 삶에 부조화, 갈등, 고통 등을 낳는다. 죄를 짓는 순간 이미 심판을 받은 것이다.

### 죄인을 향한
### 하나님의 뜻

그러므로 우리 삶에 부조화와 갈등과 어둠 등이 있을 때, 하나님이 우리에게 벌을 주신다고 생각하는 것은 적절하지 않다. 죄 안에서 고통당하는 우리를 하나님은 오히려 불쌍히 여기시고 구원하고자 하신다. "하나님이 세상을 이처럼 사랑하사 독생자를 주셨으니 이는 그를 믿는 자마다 멸망하지 않고 영생을 얻게 하려 하심이라. 하나님이 그 아들을 세상에 보내신 것은 세상을 심판하려 하심이 아니요 그로 말미암아 세상이 구원을 받게 하려 하심이라(요 3:16~17)." 하나님은 죄 안에 있는 우리를("세상을") 얼마만큼 사랑하시냐면, 우리가 죄로 인해 "멸망하지 않고 영생을 얻게" 하려고 예수 그리스도를 이 땅에 보내실 만큼 사랑하신다.

### 사랑 안에서
### 자유를 누리고 있는가?

ㅊ씨 또는 그 가정의 죄의 문제를 좀 더 깊이 살펴보자. 앞에서 언급했듯이 ㅊ씨가 현재 처한 고통은 그녀 혼자만의 문제나 잘못이 아니라는 점이 중요하다. 물론 그녀에게도 지나치게 감정적인 태도, 지나치게 공격적인 태도, 또는 지나친 염려 등의 문제가 있을 수 있다. 그러나 이것만으로는 ㅊ씨의 현 상황을 다 설명할 수 없다. ㅊ씨에게는 크게 두 가지 죄의 문제가 있는 듯하다. 하나는 사랑과 관련된 것이고 다른 하나는 자유와 관련된 것이다. 전자는 관계적인 문제이고 후자는 내면적인 문제이다.

ㅊ씨도, 그녀의 남편도, 그리고 시동생도 '사랑'의 관계를 실현하지 못하고 서로 소외되는 상태로 치닫고 있다. 사랑에서 소외되면, 각자의 입장은 충돌한다. 도움 받고자 하는 시동생과 가정 경제를 지키려는 ㅊ씨가 충돌한다. 동생을 도우려는 남편의 입장과 그것을 막으려는 아내의 입장이 충돌한다. 결국 그들은 서로에게서 소외되고 서로에게 적이 되고 만다. 사랑을 실현하지 못하는 관계들, 갈등과 적의로 가득 찬 관계들, 바로 이것이 죄이다.

이러한 사랑의 실패는 ㅊ씨의 내적인 갈등으로 연결되어, 그녀는 자기 자신에게서도 소외되어 있다. 타인으로부터의 소외는 결국 자기 자신으로부터의 소외로 이어진다. "저 사람이 내 눈앞에 보이지 않았으면…" 하는 중얼거림의 배후에는 그녀의 내적 갈등이 숨어 있다. 그녀는 드러내놓고 시동생을 공격하거나 비난하기 어려웠다. 그녀의 감정대로라면 다시는 시동생이 집에 오지 못하게 하고 싶지만, 윤리적인 의무가 있고 남편의 입장이 있다. 그래서 그녀는 자신의 분노, 주장을 억압하여야 했다. 그녀는 자신의 감정과 욕구를 건강하고 자유롭게 인정하고 표현할 수 없었다. 그래서 그녀는 할 수 없이 혼자 "저 사람이 내 눈앞에 보이지 않았으면…"이라고 중얼거리는 수밖에 없었다. 그러한 중얼거림은 자신의 감정과 욕구에서 소외된 그녀의 아픔을 표현한 것이다. 그것은 진정한 자기 자신이 되는 자유를 상실한 아픔의 표현이었다. 그런 말을 중얼거린 것이 죄가 아니라, 그런 식으로 중얼거릴 수밖에 없도록 자유를 상실한 것이 죄이다.

이러한 죄의 상태에서 하나님과의 관계는 형식적이 되거나, 요구적이 되거나, 공격적이 되기 쉽다. 형식적이 된다 함은 하나님과의 관계에 더 이상 관심을 갖지 못하고 포기하는 것이다. 요구적이 된다 함은 하나님이 마치 자신에게 빚진 것처럼 끊임없이 요구하는 것이다. 공격적이 된다 함은 하나님이 자신에게 주어야 할 복을 주지 않는다고 원망하는 것이다. 결국 하나님의 사랑 안에서 안식하지 못하고 하나님의 자유 안에서 힘을 얻지 못한다. 이것이 죄의 근본적인 모습이다.

### 진정한 회개에 이르는 법

ㅊ씨가 눈병을 계기로 '앞으로는 입을 조심해야지'라는 후회로 끝난다면 그것은 진정한 회개가 아니다. 진정한 회개는 하나님의 사랑과 자유의 은혜 안으로 복귀하는 것이며, 그럼으로써 그녀가 진실한 자기 자신이 되는 자유를 회복하고 사랑의 가족 관계를 회복하는 것이다.

먼저 하나님 앞에 자신의 아픔들, 두려움들, 원망들, 감정들을 있는 그대로 낱낱이 토로하고 조용히 주님이 주시는 위로와 힘을 기다리는 것이 중요하다. 하나님 앞에 마음의 모든 것을 토로하는 것은, 나의 마음속 깊은 곳으로 하나님을 초대하는 행위이다. 나의 가장 은밀한 두려움, 나의 가장 깊은 소원, 나의 가장 강력한 감정을 있는 그대로 토로하는 것은, 바로 나의 가장 은밀하고 가장 깊고 가장 강력한 내면의 진실로 하나님을 초대하는 것이다. 그리고 하나님의 임재 안에 머무르면서, 하나님과 대화하고, 하나님의 은혜가 나에게 주시는 선물을 기다린다. 이러한 초대와 기다림 가운데서, 우리는 하나님의 사랑과 자유 안으로 복귀하며 사랑과 자유의 삶을 향하여 나아갈 힘을 얻는다.

주님으로부터 힘을 얻으면서, 동시에 ㅊ씨는 남편과의 진실하고 깊은 대화를 시도할 필요가 있다. 서로 비난하는 논쟁이 아니라, 소위 '나-알리기(I-message)' 방법을 사용하는 대화가 필요하다. 이 '나-알리기(I-message)' 방법은 하나님께 나의 내면의 진실을 토로하는 것과 유사하다. 이 방법은 대화에서 '당신은…'이라는 말로 시작하지 말고, '나는…'이라는 말로 시작하는 것이다. '당신'을 주어로 하면 상대방이 잘못한 것을 지적하고 상대방이 해야 할 것을 지시한다. 그러나 '나'를 주어로 하면 상대방에 대한 비난과 공격을 하지 않으면서도 나의 아픔, 나의 갈등, 나의 소원, 나의 감정 등을 있는 그대로 표현할 수 있다. 이러한 대화는 대인 관계에서 사랑과 자유를 동시에 회복하는 길이 된다. '나'의 진실한 마음을 표현하기 때문에 이는 자유의 회복이다. 그 표현은 상대방을 비난하는 것이 아니라 상대방이 나의 진실을 이해하도록 돕는다. 그 결과 상대방은 자기를 방어할 필요가 없고 그 또한 자신의 진실을 표현할 수 있는 자유를 갖게 된다. 결국 두 사람 모두 자신의 진실을 표현할 수 있는 자유, 그리고 상대방으로부터 받아들여지는 사랑을 경험한다. 그럼으로써 서로를 진심으로 이해하고 서로 협력할 수 있게 된다. 이렇게 사랑이 회복된다.

부부 사이에 진실한 자기 표현과 상호 이해의 관계가 회복되면, 두 사람은 시동생의 문제에 대한 공동의 대처 방법을 의논하고 합의할 수 있다. 두 사람이 시동생에게 건전하고 책임적인 방식으로 대처하면, 시동생 또한 보다 책임적인 태도를 회복할지도 모른다. 이렇게 세 사람 모두 자유와 사랑을 회복하는 방향으로 움직인다면, 이것이 진정한 회개가 될 것이다.

## 친교와 하나님 나라

기독교의 이상은 '친교'와 '하나님 나라'라는 말로 표현할 수 있다. 신학적 의미의 친교(親交 communion)는 라틴어의 *communio*에서 온 말로 그리이스어의 *koinonia*(코이노니아 κοινωνία)에 해당한다. *koinonia*는 신약성서에 자주 등장하는 말로서 여러 맥락에서 사용되었는데 의미를 요약하면 그리스도와 그리스도인 사이의, 그리고 그리스도인들 사이의 사랑의 관계를 의미한다. 그리고 그 사랑의 관계가 실현된 공동체가 하나님 나라이다.

### 친교

### 틸리히의 정의

좀 어려워 보이지만, 신학자 틸리히(P. Tillich)의 친교에 대한 정의를 들어보자. "친교(communion)는 완전히 통합된(centered) 그리고 완전히 개인화된(individual) 또 하나의 다른 자기(self) 안에 참여하는 것(participation)이다."[12] 언뜻 보면 생소한 개념이지만, 내용을 정리하면 두 가지이다. 한 가지는 인격에 대한 생각이고 다른 한 가지는 관계에 대한 생각이다. 이를 설명해보자.

### 1. 인격: 개별화와 통합

틸리히에 의하면 인격[그의 말에서는 자기(self)라는 말로 표현되어

---

[12] Paul Tillich, *Systematic Theology*, vol. I (University of Chicago Press, 1951), 176.

있다]은 독자적으로 개별화되어 있고 중심이 잡혀 통합되어 있어야 한다. 개별화되어 있다는 것은 외부의 압력이나 요구에서 비교적 자유롭다는 것이고, 통합되어 있다는 것은 인격이 분산되어 있지 않고 중심이 잡혀 있다는 것이다. 개별화와 통합이 이루어진 인격은 자유를 실현한다.

### 2. 개별화와 통합 ⇨ 자유

앞에서도 거듭 말하였지만, 자유가 친교의 관계에서 필수적으로 전제되어야 하는 데는 이유가 있다. 친교의 당사자들이 각기 자유를 확보하지 못하면, 지배-종속 관계가 되거나 상호 대립 관계가 되기 쉽다. 동반의존(codependency)이라는 개념이 있다. 겉으로는 사이좋게 잘 지내는 것 같지만, 실상은 서로 지나치게 의존되어 있다는 뜻이다. 이것 역시 친교가 아니다. 왜냐하면 사랑이 아니라 의존이기 때문이다. 진정한 사랑이 이루어지기 위해서는 진정한 독자성, 곧 자유가 전제되어야 한다.

### 3. 친교: 자유로운 참여

틸리히에 의하면 결국 친교란 자유로운 타자 안에 자유롭게 참여하는 것이다. 관계 안에 참여하지 않으면 인격은 무의미하다. 타인과 만나 서로의 인격 안에 참여함으로써, 개인의 인격은 비로소 자신이 인격임을 경험한다. 타인의 인격에 참여하지 않으면, 개인은 자신의 인격의 깊이와 아름다움을 진실로 자각하지 못할 것이다. 친교가 없으면 개별적 인격이란 신기루와도 같다. 진정한 친교를 이룰 수 있다면, 그 안에서 사랑과 자유는 완성될 것이며, 사람됨이 온전히 실현될 것이다.

## 하나님 나라,
## 자유와 사랑의 누룩

하나님 나라는 각 개인이 자신의 진실을 실현하면서도 진정으로 타자의 진실을 존중하는 공동체이다. 자유와 사랑은 서로를 위한 누룩과도 같다. "천국은 마치 여자가 가루 서 말 속에 갖다 넣어 전부 부풀게 한 누룩과 같으니라(마 13:33)."

# 7 경건 생활

기독교인의 경건 생활에서 가장 중요한 두 가지를 꼽는다면, 하나는 하나님의 공간으로 들어가는 것이고, 다른 하나는 성찰적 태도를 견지하는 것이다. 보통 교회에서 이에 관해 말할 때, 전자는 성령을 받음 혹은 하나님께 온전히 내려놓음으로 표현하며, 후자는 말씀 위에 선다는 것으로 표현한다. 성령 충만함의 경험이 말씀 위에 견고히 서는 것에 의해 균형이 이루어져야 한다는 말은 매우 중요한 점을 지적하고 있다.

## ○ 하나님의 공간

하나님은 여기에 와 계시다. 하나님은 어디에나 계시다. 시끄럽고 번화한 도시의 한 건물 모퉁이에 교회당을 만든다고 하자. 건물 입구에는 여러 사무실과 상점의 안내판이 가득하고, 교회당의 벽 바로 너머의 상점에는 사람들이 왔다갔다한다. 그러나 교회당 안에 일단 들어가면 고요하고 거룩한 공간이 숨쉬고 있다. 그렇다면 교회 옆 상점 안에는 하나님이 계시지 않은가? 교회당 안에 있는 하나님과 상점 안에 있는 하나님은 서로 다른가? 그렇지 않다. 어디에나 동일한 하나님이 계신다. 상점 안에서는 사람들이 하나님을 주목하지 않을 뿐이다. 그래서 우리는 종종 상점 안에는 하나님이 없는 것처럼 행동한다.

보통 우리는 교회당과 상점을 분리한다. 우리에게 교회당은 하나님이 계신 곳이고 상점은 하나님이 없는 곳이다. 교회당과 상점을 분리할 때, 우리의 내면에서도 분리가 일어난다. 내 안에서 하나님이 있는 영역과 하나님이 없는 영역이 분리된다. 교회당에 가는 나와 상점에 가는 나가 분리된다. 그래서 한 편으로 거룩하다가도 갑자기 딴 사람이 되기도 한다.

하나님이 한 하나님이신 것은 이러한 분리가 옳지 않음을 말해준다. 하나님이 교회당과 상점을 포함하여 온 세상에 계시듯이, 하나님은 내 안 전체에 계시다. 그렇다면 교회당 안에서 우리가 특별히 거룩한 공간을 발견하는 이유는 무엇일까? 그 이유는 우리가 교회당 안에서 하나님을 주목하기 때문이다. 만일 우리가 상점 안에서 물건을 사거나 팔면서도 하나님을 주목한다면, 그 공간은 갑자기 다른 공간으로 경험될 것이다. 상점에서 우리가 하나님을 주목한다면, 상점이 상점 아닌 것으로 바뀌는 것이 아니라, 그 공간을 상점 이상의 공간으로 경험하는 것이다. 상점에서 물건을 사고 팔면서도 우리는 바로 거기에서 상점 이상의 거룩한 공간을 만날 수 있다. 이처럼 우리가 하나님을 주목할 때, 그곳이 상점이든 길거리이든, 그곳은 우리에게 상점 이상의 공간, 길거리 이상의 공간, 즉 하나님의 공간이 된다.

교회당은 하나님의 거룩한 공간을 우리가 쉽게 만나도록 특별히 만들어놓은 공간이다. 그런데 우리는 마치 그 공간에서만 하나님을 만날 수 있는 것처럼 생각한다. 어쩌면 우리가 하나님을 그곳에 가두어 놓는 것은 아닐까? 어디에서나 우리가 하나님을 향하여 주목할 때 하나님은 우리를 만나 주시고 그곳은 거룩한 공간이 된다.

### 황무지가
### 벧엘로

야곱이 에서를 피해 하란으로 도망하는 길에, 사막에서 돌을 베개 삼아 잠이 들었다. 밤에 꿈을 꾸고 나서 야곱은 이렇게 말한다. "여호와께서 과연 여기 계시거늘 내가 알지 못하였도다 이에 두려워하여 이르되 두렵도다 이 곳이여 이것은 다름 아닌 하나님의 집이요 이는 하늘의 문이로다 하고 야곱이 아침에 일찍이 일어나 베개로 삼았던 돌을 가져다가 기둥으로 세우고 그 위에 기름을 붓고 그 곳 이름을 벧엘이라 하였더라(창 28:16~19)." 야곱이 하나님을 만나기 전, 그곳은 사막 한가운데에 있는 황무지였을 뿐이다. 그러나 그곳이 바로 '하나님의 집이요 하늘의 문'이라는 것을 발견하고 야곱은 거기에 기둥을 세우고 벧엘(하나님의 집)이라고 불렀다. 내가 집안 한 구석에서라도 진지하게 하나님의 이름을 부르고 기도할 때 그곳은 나의 '벧엘'이 된다.

### 폭력의 공간이
### 사랑의 공간으로

예수께서 잡히실 때 겟세마네 동산은 칼과 몽둥이를 든 무리가 가득했다. 그곳은 겉보기에 무력이 지배하는 폭력의 공간처럼 보였다. 하나님은 계시지 않은 듯했다. 그런데 칼을 든 제자 한 사람에게 예수께서 말씀하셨다. "너는 내가 내 아버지께 구하여 지금 열두 군단 더 되는 천사를 보내시게 할 수 없는 줄로 아느냐 내가 만일 그렇게 하면 이런 일이 있으리라 한 성경이 어떻게 이루어지겠느냐 하시더라(마 26:53~54)." 예수의 관점에서 그 동산은 하나님의 천사 열두 군단이 호위하는 하나님의 공간이었다. 주께서는 천군 천사를 불러 칼과 몽둥이를 든 무리를 무찔러 몰아내실 수 있었다. 그렇게 되면 그 공간은 승리의 공간이 될 수 있었다. 그러나 주께서는 하나님의 뜻에 순종하여 인류를 구속하는 사랑의 행위를 선택하셨다. 칼과 몽둥이를 든 폭력 앞에 굴복하신 것이 아니라, 스스로 순종과 구속과 사랑을 선택하신 것이다. 그리하여 그 공간은 순종의 공간, 구속의 공간, 사랑의 공간이 되었다. 이처럼 하나님의 공간은 눈에 보이는 현실을 훨씬 뛰어넘는 광활한 공간이다.

### 광활한 공간을 보라

하나님의 공간이 얼마나 광활한지 보여주는 또 하나의 장면은 야곱의 벧엘 이야기이다. 그곳에서 자면서 야곱은 꿈을 꾸었다.
꿈에 본즉 사닥다리가 땅 위에 서 있는데 그 꼭대기가 하늘에 닿았고 또 본즉 하나님의 사자들이 그 위에서 오르락내리락 하고 또 본즉 여호와께서 그 위에 서서 이르시되 나는 여호와니 너의 조부 아브라함의 하나님이요 이삭의 하나님이라 네가 누워 있는 땅을 내가 너와 네 자손에게 주리니 네 자손이 땅의 티끌 같이 되어 네가 서쪽과 동쪽과 북쪽과 남쪽으로 퍼져 나갈지며 땅의 모든 족속이 너와 네 자손으로 말미암아 복을 받으리라 내가 너와 함께 있어 네가 어디로 가든지 너를 지키며 너를 이끌어 이 땅으로 돌아오게 할지라 내가 네게 허락한 것을 다 이루기까지 너를 떠나지 아니하리라 하신지라(창 28:12~15).

야곱이 잠든 곳은 사막 한가운데의 황무지에 불과했다. 그런데 바로 거기에서 야곱은 하늘에까지 닿는 사닥다리를 보았고, 하나님을 뵈었다. 그곳에서 만난 하나님은 야곱의 선조인 아버지와 할아버지에까지 이르는 과거뿐만 아니라 야곱의 대대손손 미래까지 섭리하시는 하나님이다. 그리고 '서쪽과 동쪽과 북쪽과 남쪽'까지 야곱의 자손들이 퍼져나가도록 이끄시는 하나님이다. 야곱이 아무리 멀리 가든지 그곳까지 함께하셔서 그를 도우시고 다시 돌아오게 하실 하나님이다. 땅과 하늘, 과거와 미래, 그리고 땅의 사방(四方) 모든 곳에 이르는 광활한 공간이 바로 그 자리에서 열렸다. 야곱은 아무것도 없는 황무지에서 이와 같이 광활한 하나님의 공간으로 들어갔다. 그래서 그 황무지가 벧엘이 되었다.

이처럼 우리 눈에 보이지는 않지만 우리가 지금 서 있는 곳에 하나님의 광활한 공간이 기다리고 있다. 그 공간은 나의 과거와 미래를 다 품고, 나의 현실과 그 너머의 가능성을 안고, 하나님 안에서 내가 어떤 존재가 되어갈지에 관한 부르심을 담고 있다. 비록 눈에 보이지 않아도, 그 공간으로 마음의 눈을 향하는 것이 기도이다.

# 8 기도

### 마음의 골방으로
### 들어가기

내가 나의 방 한쪽 구석에서 하나님을 주목하며 무릎을 꿇을 때 그 앞에 하나님의 공간이 열리기 시작한다. 영성가 키팅(Thomas Keating)은 기도를 '골방에 들어가는 것(마 6:6)'으로 묘사하면서, 골방으로 들어가는 세 단계를 제시한다.[13] 첫째, 일상적인 모든 것이 마음에서 떠나가도록 놓아둔다. 둘째, 일상적인 모든 것에 대해 문을 닫는다. 셋째, 내밀한 공간에 머물며 성령의 은총을 지향한다. 이러한 과정은 다음과 같은 몇 가지를 암시한다. 골방, 즉 내면의 공간에 주목하고 집중함으로써 일상의 공간을 초월한다는 것, 우리가 지향함으로써 내면의 공간이 열린다는 것, 내면의 공간 안에는 성령의 은총의 역사(役事)가 이미 우리를 기다리고 있다는 것 등이다.

주님께서 우리에게 골방에 들어가 기도하라고 하신 말씀의 의미를 다시 한번 생각해보자. "너는 기도할 때에 네 골방에 들어가 문을 닫고 은밀한 중에 계신 네 아버지께 기도하라 은밀한 중에 보시는 네 아버지께서 갚으시리라(마 6:6)." '문을 닫고 은밀한' 골방에서 기도하라는 말씀에는 남에게 보이려고 기도하지 말라는 뜻이 담겨 있다. 기도할 때 우리는 가장 정직하고 진실해야 한다. '문을 닫는' 것은 사회적으로 포장된 나의 모습을 모두 내려놓는 것이다. '은밀한' 나의 모습으로 하나님 앞에 나아가는 것이다.

---

[13] 토마스 키팅, 한국관상지원단 옮김, 『내 안에 숨어계신 하느님』 (서울: 가톨릭출판사, 2006), 7~13.

특히 나의 감정을 포장하지 않는 것이 중요하다. 은밀한 나의 모든 감정을 있는 그대로 하나님 앞에 내어놓는 것이 기도이다. 나의 감정이 분노, 미움, 절망, 슬픔 등으로 가득 차있더라도, 이 모습 그대로 하나님 앞에 서는 것이 기도이다. 욥이나 다윗이 하나님 앞에 부르짖었던 기도를 보라. 적나라하게 자신의 두려움, 분노, 회한, 절망 그대로 하나님께 부르짖는다. 나의 감정이 남에게, 하나님께 어떻게 보일까 걱정하는 것은 오히려 하나님과 나 사이의 친밀한 관계를 방해할 수 있다.

감정뿐 아니라 은밀한 욕망과 생각도 모두 하나님 앞에 내어놓는 것이 좋다. 내 안의 모든 것을 하나님 앞에 내어놓는 것은, 그것이 옳아서가 아니다. 옳든 옳지 않든, 그것이 나의 진실이기 때문이다. 나의 진실한 모습을 정직하게 하나님 앞에 고백함으로써, 나는 하나님의 진실 앞에 마주할 수 있다. 은밀한 나의 진실을 하나님 앞에 고백하는 것이 중요한 이유는, 그럼으로써 하나님이 나의 진실 안으로 들어오시기 때문이다. 하나님이 나의 진실 안으로 들어오시지 않고서 어떻게 하나님과 내가 친밀한 관계를 맺을 수 있을까? 내가 은밀한 나의 골방 문을 열 때 비로소 하나님은 나의 골방 속으로 들어오신다. 그리고 그 골방이, 다시 말하면 나의 진실한 내면의 공간이, 하나님이 임재하시는 공간이 되며 하나님과 나의 진실한 교제의 공간이 된다.

**모든 짐을 내려놓고**
**하나님의 공간으로**

하나님께 고백하는 행위는 나의 모든 짐을 주님의 발 앞에 내려놓는 행위이다. 고백함으로써 나의 짐이 내려놓아진다. 고백하는 것이 뭐가 그렇게 중요하냐고 반문할 수 있다. 그러나 고백의 행위에는 하나님을 향하는 나의 의도, 생각의 정리 및 언어화, 감정의 집중 등이 내포되어 있다. 그리고 고백에는 상대방에게 나아가고자 하는 적극적 행위가 포함되어 있다. 다시 말하면, 고백은 하나님을 향하는 나의 전인격적인 표현이다. "만일 우리가 우리 죄를 자백하면 그는 미쁘시고 의로우사 우리 죄를 사하시며 우리를 모든 불의에서 깨끗하게 하실 것이요(요일 1:9)." 나의 전인격적인 행위로 하나님과 인격적인 관계가 맺어지며, 비로소 하나님의 인격적 영향력에 의해 '나'의 변형(變形 transformation)이 일어난다. 내 힘으로 도저히 벗어날 수 없었던 짐을 나도 모르게 내려놓는다.

　　　　　내면의 짐을 내려놓는 행위는 곧 나의 내면을 비우는 행위이다. 내가 내 안의 모든 것을 하나님 앞에 내려놓았다면, 이제 나의 모든 짐은 하나님의 손으로 넘어간다. 나는 짐을 벗고 하나님의 공간으로 들어간다. 이것이 기도의 비밀이다. 이제는 나를 비우고 하나님의 은총이 일하시기를 기다리는 것만이 남아 있다.

## 기도
### 하나님의 가능성을 열다

　　　기도는 내가 할 수 있는 일이 지극히 제한되어 있음을 인정하는 것이다. 우리는 물론 할 수 있는 최선을 다해 살아갈 것이다. 그러나 그것은 나의 삶의 가능성 중 지극히 일부분에 관해서만 할 수 있을 뿐이다. 사실 삶의 가능성의 대부분은 하나님의 공간 안에 있다. 이 사실을 인정하는 것이 믿음이고, 이 사실을 따라서 하나님의 공간을 향하여 손을 드는 것이 기도이다. 야곱이 에서를 피해 달아나면서 황무지 위를 걸어갈 때, 그가 할 수 있는 것이 무엇이었을까? 단지 에서에게서 가능한 한 멀리 달아나는 것이었다. 그런데 하나님의 공간이 그의 앞에 열렸을 때, 그는 전혀 생각하지 못했던 삶의 가능성을 보게 되었다. 이것이 야곱에게만 해당되는 상황일까?

구하라 그리하면 너희에게 주실 것이요 찾으라 그리하면 찾아낼 것이요 문을 두드리라 그리하면 너희에게 열릴 것이니 구하는 이마다 받을 것이요 찾는 이는 찾아낼 것이요 두드리는 이에게는 열릴 것이니라 너희 중에 누가 아들이 떡을 달라 하는데 돌을 주며 생선을 달라 하는데 뱀을 줄 사람이 있겠느냐 너희가 악한 자라도 좋은 것으로 자식에게 줄 줄 알거든 하물며 하늘에 계신 너희 아버지께서 구하는 자에게 좋은 것으로 주시지 않겠느냐(마 7:7~11).

　　　　이 말씀 속에서 주님은 우리 각 사람에게 이미 하나님의 공간이 열려 있음을 강조하신다. 그런데 그 공간을 향하여 우리가 눈을 돌리지 않으면, 그 공간은 보이지 않고 숨어 있다. '구하고 찾고 문을 두드리는' 것이 바로 그 공간을 향하는 행위이며 기도하는 행위이다. 그렇게 하면 '열리고 받고 찾아낼 것'이라고 주님은 단도직입적으로 말씀하신다. 왜냐하면 하나님의 공간 안에는 이미 우리가 상상하지 못하는 '좋은 것'이 우리를 기다리고 있기 때문이다.

## 기도하는 사람의 태도

### 기도
### 나의 모든 것을 걸기

사실상 우리 삶의 모든 보물은 하나님의 공간 안에 들어 있다. 그런데 그 보물을 캐려는 사람은 그에 상응하는 태도를 가져야 한다. "천국은 마치 좋은 진주를 구하는 장사와 같으니 극히 값진 진주 하나를 발견하매 가서 자기의 소유를 다 팔아 그 진주를 사느니라(마 13:45~46)"는 주님의 말씀은 사람이 하나님의 공간 앞에서 어떤 태도를 가져야 하는지 보여준다.

하나님의 공간 안에는 우리의 모든 것이 들어 있으므로, 우리의 모든 것을 걸어야만 진정으로 하나님의 공간 안으로 들어갈 수 있다. 어떤 상인이 세상 어떤 것보다도 값진 보물을 발견했다면, 큰 이익을 남기기 위해서 자기가 가진 모든 소유를 팔아 보물을 사는 것이 합리적인 태도이다. 자기가 가진 적은 소유가 아까워서 보물을 놓쳐버린다면 얼마나 허무하고 아쉬운 일인가!

### 꾸준한 과정을 통해
### 깊은 만남으로

만남은 두 당사자가 서로를 향해 서는 것이다. 한쪽이 돌아서거나 다른 데를 향하면 만남은 이루어지지 않는다. 서로가 만남에 대해 진지한 의도가 있다면 서로를 향할 것이고 서로를 향해 마음을 열 것이다. 만남은 한

번에 완성되지 않는다. 사람 관계와 마찬가지로 하나님과의 관계에서도, 성숙하고 완성된 만남으로 나아가려면 과정이 필요하다. 사람이 하나님과의 만남에서 이 과정을 차근차근 밟지 못한다면, 그 만남은 깊고 성숙한 만남으로 나아가지 못한다.

### 기도에는 분명한 의도가 필요하다

우리는 어떤 의도를 가지고 하나님과의 만남을 향해 나아가는가? 앞에서도 언급했듯이, 하나님의 공간으로 나아가는 것은 나의 한계를 인정하고 나의 모든 것을 내려놓는 행위이다. 내가 나의 내면의 그리고 나의 삶의 은밀한 진실들을 모두 하나님 앞에 털어놓을 때, 그 모든 것을 하나님 앞에서 주장하고자 하는 것이 아니다. 단지 '저의 모든 진실들을 보소서. 주께 모든 것을 맡기오니 저를 불쌍히 여기시고 주의 은혜로 도우소서'라는 태도일 뿐이다. 주께 나아갈 때 우리는 다음과 같은 분명한 의도를 가질 필요가 있다. (1) 나의 모든 진실(갈등, 욕망, 죄, 부정적 감정 등 포함)을 있는 그대로 고백함. (2) 아무것도 주장하지 않고 모든 것을 주께 내어맡김. (3) 주께서 도우시기를 기다림.

### 생활의 중심으로서의 기도

분명한 의도 못지않게 중요한 것이 꾸준한 성의(誠意)를 기울이는 것이다. 우리에게는 살아가면서 신경 써야 할 일들이 많이 있다. 그러나 우리 삶의 가장 귀한 보물을 담고 있는 하나님의 공간으로 나아가는 일만큼 가치 있는 것이 있을까? 물론 다른 것을 모두 제쳐두고 기도만 한다는 뜻은 아니다. 하루의 생활 중에서 경건의 시간을 우선 순위에 둔다는 뜻이다. 그 시간을 중심으로 하루의 생활이 이루어진다고 생각하는 것이 좋다. 다시 말하면, 하루의 모든 일정이 그 시간에 의하여 의미를 부여 받고 방향 설정이 되는 것이다. 성경에서 말하는 계명을 생활 속에서 지키는 것도 중요하지만, 삶의 모든 일이 하나님 안에서 어떤 의미와 방향을 갖는지 성찰하는 태도도 매우 중요하다. 매일 경건의 시간을 지키고 성찰하는 태도를 유지할 때, 우리의 일상생활 전체가 점차 하나님의 공간 안으로 들어가게 될 것이다.

## ⚭ 성찰적 태도

기도할 때 가장 핵심이 되는 것은 성찰적 태도이다. 성찰적 태도에 관해서는 앞에서 여러 번 언급하였다. 1장에서 성찰을 '한 걸음 물러나서 자신의 내면과 자신의 상황을 바라보며 이해하려는 태도'라고 말하였다. 이를 달리 말하면, '깨어 있는 마음'이다. 주께서도 등을 들고 신랑을 맞이하는 열 처녀의 비유에서 "깨어 있으라(마 25:13)"고 강조하신다.

**성찰의 다른 말**
**깨어 있음**

깨어 있는 것이 중요한 이유를 살펴보자. 우리가 깨어서 바라보아야 할 영역은 크게 두 가지이다. 하나는 자신의 내면이고 다른 하나는 자신의 외적 상황이다. 양 영역에서 많은 것이 흘러가고 지나가면서 우리를 자극한다. 그런데 만일 우리가 넋 놓고 있으면 어떻게 될까? 중요한 것을 놓쳐버리거나, 그리 중요하지 않은 것에 끌려다니게 된다. 그러면 '나'는 무너지거나 혼란에 빠져버리고 만다. 교회에서 말씀 위에 견고히 서라고 권고하는 것은 바로 이 부분을 지적하는 것이다. 말씀 위에 견고히 선다는 것은, 말씀의 기준을 가지고 깨어 있어서 나의 안과 밖에서 흘러가며 자극하는 여러 가지 것들을 분별하고 정리하여 방향을 잡는 것이다.

천국은 마치 밭에 감추인 보화와 같으니 사람이 이를 발견한 후 숨겨 두고 기뻐하며 돌아가서 자기의 소유를 다 팔아 그 밭을 사느니라 또 천국은 마치 좋은 진주를 구하는 장사와 같으니 극히 값진 진주 하나를 발견하매 가서 자기의 소유를 다 팔아 그 진주를 사느니라 또 천국은 마치 바다에 치고 각종 물고기를 모는 그물과 같으니 그물에 가득하매 물 가로 끌어 내고 앉아서 좋은 것은 그릇에 담고 못된 것은 내버리느니라(마 13:44~48).

보화는 보통 눈에 잘 띄지 않고 감추어져 있기 때문에 이를 발견하려면 깨어 있어야 한다. 발견한 후에도 그런가 보다 하고 지나가 버리면 아무 소용이 없다. 정신을 바짝 차리지 않고는 "숨겨 두고 기뻐하며 돌아가서 자기의 소유를 다 팔아 그 밭을 사는" 일을 할 수 없다. 그리고 바다에서 그물을 올린 다음에도 무조건 다 담는 것이 아니다. 필요한 것과 필요 없는 것, 또는 중요한 것과 중요하지 않은 것을 구분해서 담는다. 우리의 마음에 흘러드는 수많은 것들은 바다에서 끌어낸 그물과도 같다. 내가 깨어 분별하지 않으면, 온갖 것들이 섞여서 나의 그릇은 엉망진창이 될 것이다.

### 성찰의 또 다른 말
### 알아차림

야곱의 경우를 살펴보자. 벧엘에서 야곱은 꿈을 꾸고 난 후 그것을 가볍게 여길 수도 있었다. '신기한 꿈이로군' 하고서는 그냥 길을 재촉할 수도 있었다. 그랬다면 그곳은 벧엘이 되지 않았을 것이고, 그의 여정은 두려움과 피곤으로 가득한 길이었을 것이다. 그러나 야곱은 그 꿈이 얼마나 중요한 경험인지 알아차렸다.

'알아차린다'는 말이 중요하다. 성찰한다는 것은 알아차린다는 것이다. '알아차리다'는 '미리 정신을 차려 주의하거나 깨닫다'라는 의미이다. 알아차린다는 것에는 몇 가지 중요한 요소가 내포되어 있다.

첫째, 미리 정신 차려 깨어 있는 것이 중요하다. 그래야만 홍수처럼 흘러드는 경험을 분별하고 보화처럼 중요한 것을 골라낼 수 있다.

둘째, '나'라는 인격적 주체(主體)의 주도성이 중요하다. 3장에서 언급했듯이, 인격적 주체로서의 '나'는 이기적이고 자기중심적인 '나'와는 다르다. 만일 인격적 주체로서의 '나'가 견고하게 서 있지 못하면, 홍수처럼 밀려드는 내적 외적 자극에 의해 나의 마음과 삶은 혼란에 빠질 것이다. 깨어 있다는 것은 인격적 주체로서의 '나'를 견지한다는 것이다. 자극과 경험을 분별하는 주체로서의 '나'가 없다면, 한 인격으로서의 연속성을 유지하기 어렵다. 인격적 주체로서의 '나'가 하나님의 공간 안에 들어갔을 때에도 여전히 '나'의 성찰적 태도를 견지하는 것이 중요하다. 이때에 '나'는 나를 주장하는 것이 아니라, 나의 깨어 있음 그리고 나의 알아차림을 지킨다. '나'는 성찰적 태도를 지키면서 (1) 마음을 하나님께 향하고 (2) 하나님의 공간 안에서 일어나는 것들에 주의를 기울이고 (3) 그 의미들을 분별하고 알아차린다. 이때 '나'는 하나님을 향하고 주의를 기울인다는 면에서 주도적(主導的)이지만, 다른 한편으로는 하나님의 공간 안에서 일어나는 일들을 만들려 하거나 조작하려 하거나 주장하려 하지 않고 단지 바라보고 기다린다는 면에서 수동적(受動的)이다.

셋째, 하나님의 공간 안에서 경험하는 것을 성경 말씀에 비추어 보고 의미를 분별하는 것이 중요하다.

예수께서 그들 앞에 또 비유를 들어 이르시되 천국은 좋은 씨를 제 밭에 뿌린 사람과 같으니 사람들이 잘 때에 그 원수가 와서 곡식 가운데 가라지를 덧뿌리고 갔더니 싹이 나고 결실할 때에 가라지도 보이거늘 집 주인의 종들이 와서 말하되 주여 밭에 좋은 씨를 뿌리지 아니하였나이까 그런데 가라지가 어디서 생겼나이까 주인이 이르되 원수가 이렇게 하였구나 종들이 말하되 그러면 우리가 가서 이것을 뽑기를 원하시나이까 주인이 이르되 가만 두라 가라지를 뽑다가 곡식까지 뽑을까 염려하노라 둘 다 추수 때까지 함께 자라게 두라 추수 때에 내가 추수꾼들에게 말하기를 가라지는 먼저 거두어 불사르게 단으로 묶고 곡식은 모아 내 곳간에 넣으라 하리라(마 13:24~30).

주의 이 말씀은 중요한 두 가지를 지적한다. 한 가지는 우리의 영적 경험에서 가라지도 있다는 것이고, 또 다른 한 가지는 가라지처럼 보여도 성급하게 뽑아버려서는 안 된다는 것이다.

우리가 영적 경험을 추구할 때, 우리는 주관적 감정, 생각, 의지 등을 완전히 없애야 한다고 흔히 오해한다. 주께서는 우리에게 구하고 찾으라고 말씀하시는데, 그것은 '나'의 감정, 생각, 의지에서 시작된다. 물론 구하고 찾는 방향이 잘못되지 않았는지 분별이 필요하지만, 그 행위 자체에서 우리의 주관성을 배제할 수는 없다. 시편을 보면 기도하는 사람의 주관적 감정, 생각, 의지 등을 생생하게 표현한 것을 볼 수 있다. 그 기도 내용이 모두 합당하다고 볼 수는 없으나, 우리의 주관성이 기도를 생생한 경험으로 만든다는 것을 시편은 보여준다. 그러한 과정에서 너무 성급하게 가라지를 골라내려 한다면, 우리의 기도가 빈곤해질지도 모른다.

성경 말씀에 비추어본다는 것은 우리의 주관적 감정, 생각, 의지 등을 배제한다는 뜻이 아니다. 그보다는 우리의 감정, 생각, 의지가 하나님의 말씀이 지향하는 바와 조화를 이루는가를 분별하는 것이다. 아울러 하나님의 공간 안에서 일어나는 영적 경험이 하나님의 말씀이 지향하는 바와 조화를 이루는가를 또한 분별하는 것이 필요하다.

예언하는 자들의 영은 예언하는 자들에게 제재를 받나니 하나님은 무질서의 하나님이 아니시요 오직 화평의 하나님이시니라(고전 14:32~33).

사도 바울은 방언과 통역과 예언에 관하여 고린도 교인들에게 가르치면서, 성도들이 자신의 영적 경험들에 대하여 주도적으로 살피고 관리하도록 권면한다. 관리의 기준은 교회에 덕을 세우는 것이다. 영적 경험에 의해 경험 당사자들이 휘둘리고 분별력을 잃는 것은 바람직하지 않다. 오히려 경험 당사자들이 영적 경험을 "품위 있게 하고 질서 있게(고전 14:40)" 관리할 책임이 있다.

영적 경험은 하나님의 공간에서 일어나기 때문에, 성도 개인은 이러한 경험을 만드는 것이 아니라 받아들인다. 그러므로 수동적일 수밖에 없고, 수동적이어야 한다. 우리는 고백하고 기다리는 것이다. 그러나 그저 넋 놓고 있는 것이 아니다. '알아차리다' 또는 '깨어 있다'라는 말에서 드러나듯, 성도 개인은 하나님의 은혜를 향하여 주도적이고 적극적으로 '주의(注意)를 기울이며 또한 분별한다.' 이러한 태도가 '성찰적 태도'이다.

## 야곱의 알아차림

다시 야곱의 이야기로 돌아가보자. 야곱은 꿈을 꾸고 나서 그 꿈이 그의 인생 전체의 방향을 정해주는 중요한 의미를 가진다는 것을 알아차렸다. 그는 그냥 지나치지 않았다. 그 꿈을 주신 분은 하나님이었지만, 그 꿈을 삶의 지표로 삼기로 결정한 것은 야곱 자신이었다.

야곱이 잠이 깨어 이르되 여호와께서 과연 여기 계시거늘 내가 알지 못하였도다 이에 두려워하여 이르되 두렵도다 이 곳이여 이것은 다름 아닌 하나님의 집이요 이는 하늘의 문이로다 하고 야곱이 아침에 일찍이 일어나 베개로 삼았던 돌을 가져다가 기둥으로 세우고 그 위에 기름을 붓고 그 곳 이름을 벧엘이라 하였더라(창 28:16~19).

그는 그곳이 "하나님의 집(벧엘)"이요 "하늘의 문"이라고 생각했다. 그리고 그 생각을 행동으로 옮겼다. 베개로 삼았던 돌을 스스로 의미 있게 생각하여 그것으로 기둥을 세우고 기름을 부었다. 다시 말해 예배를 드린 것이다. 이 모든 생각과 행동은 야곱이 그 꿈을 적극적으로 성찰한 결과이다.

이후로 야곱은 그 꿈을 잊은 적이 없을 것이다. 그가 작은 돌로 세운 기둥은 나중에 중요한 도시로 발전하였다. 이는 야곱과 그 후손이 그 꿈을 얼마나 중요하게 생각하였는지 보여준다.

## ⠿ 순종과 의지

신앙 생활이 하나님의 뜻을 분별하여 따르는 것이라면, 순종(順從)은 신앙 생활의 중요한 요소이다. 하나님의 뜻을 따르는 것과 개인의 의지 사이에는 어떤 상관 관계가 있을까? 의지(意志 will)는 '스스로 의식(意識)하고 있는 의도(意圖 self-conscious intention)'[14]이다. 그렇다면 하나님께 순종할 때, 이러한 의도적 요소는 없는 것일까? 하나님의 뜻을 의식하지 않고 어떻게 순종할 수 있을까? 하나님의 뜻을 따르려는 의도 없이 어떻게 순종할 수 있을까? 의식적 의도 없이 성경 말씀을 따른다면 그것은 기계적 행동에 가깝지 않을까?

**통제적 의지**
vs
**유연한 의지**

영성가 제랄드 메이(G. G. May)는 willfulness(통제적 의지)와 willingness(유연한 의지)를 구분한다.[15] willfulness는 '개인적 통제(personal mastery)'의 태도로서, 의지를 가지고 현실을 통제하고 지배하려는 모습을 가리킨다. 물론 이러한 태도는 현실을 대처하는 데 어느 정도 필요하다. 그러나 이러한 태도로 하나님 앞에 나아가는 것은 부적절하다. 왜냐하면 이 태도는 삶의 심층적인 근원에서 자신을 분리하기 때문이다. 메이는 willingness야말로 진정한 의지의 사용이라고 말한다. 그에 의하면, willingness는 고집

---

14 | Rollo May, *Love and Will* (New York: Dell Publishing Co.: 1969), 265.
15 | Gerald May, *Will and Spirit: A Contemplative Psychology* (New York: HarperCollins Publishers, 1982), 3~7.

스러운 willfulness의 태도를 포기하려는 의지이다. 그것은 곧 '자기-포기(self-surrender)'의 의지이다. 그것은 현실적이고 통제적인 의식에 갇혀 있는 의지를 넘어서서 하나님의 공간으로 나아가려는 의지이다.

## 순종
### 새로운 의지의 경험

그러므로 순종은 의지의 포기가 아니라 새로운 의지의 경험이다. 랩슬리(James N. Lapsley)는 이를 이렇게 표현한다. "자기(the self)는 자기 너머를 향한 의지(意志)를 위하여 자신을 내려놓으려고 의지해야만 한다."[16] 자기 너머의 하나님을 향하여 의지하는 것은 어떤 강압에 굴종하는 것이 아니다. 그것은 자발적으로 스스로를 내려놓기로 의도하는 것이다. 신학자 틸리히(Paul Tillich)는 이를 다음과 같이 표현한다. "신앙의 복종은 타율적으로 굴복하는 것이 아니다. 그것은 우리를 사로잡고 우리를 여는 성령의 현존을 향해 우리 자신을 개방하는 행위이다."[17]

### 성찰과 이해가 함께하는
### 순종

그러므로 누가 옆에서 시켜서가 아니라 내가 진정 자발적으로 순종하기 위해서는 '나'에 대한 성찰이 필요하다. willingness는 강압이나 충동에 기초한 의지가 아니라 이해에 기초한 의지이다. 그것은 '나'의 현재의 의

---

16 | James N. Lapsley, ed., *The Concept of Willing* (Nashville: Abingdon Press, 1967), 196.
17 | Paul Tillich, *Systematic Theology III* (CHICAGO: University of Chicago Press, 1963), 132.

식 상태와 현재의 삶의 방식에 한계가 있음을 인식하는 데서 시작한다. 내가 지금 좌절하고 있다면, 자신을 비난하거나 열등감에 빠지는 것이 아니라, 자신의 한계를 인정하고 고백할 때인지도 모른다. 내가 하고자 하는 일에 실패했다면, 타인이나 상황을 탓하기보다 하나님의 공간으로 나아갈 때인지도 모른다. 자신의 한계를 인정하고 하나님의 공간으로 나아가는 것이 순종의 시작이다.

## 성실함

경건 생활은 저절로 되는 것이 아니라 의도를 가지고 하는 행위이기 때문에, 일종의 훈련이다. 그러므로 성실하게 하지 않으면 경건 생활 자체가 이루어지지 않는다.

### 실망과 자책은
### 내려놓을 것

성실함을 말하면, 많은 사람이 자책부터 할 것이다. 왜냐하면 성실하게 사는 것은 어렵기 때문이다. '나는 왜 성실하게 살지 못할까?' '나는 왜 계획을 세워놓고 실천하지 못할까?' 그래서 자신을 책망하고 자신에게 실망한다. '나는 무얼 잘 못하는 사람이다'라고 생각한다. 그때 우리는 자신에 대한 책망의 기준이 어디에서 온 것일까를 생각해야 한다. 대개 그 기준은 밖에서 온다. 가장 흔하게는 부모로부터, 그리고 다른 사람들로부터, 또 사회적 잣대에서 온다. 그 기준으로 자신을 평가하고 자책하는 것은 정당하지 못하다. 두 번째로 생각할 것은 내가 진정으로 원하는 것이 무엇일까이다. 나는 과연 내가 원하는 것을 알고 있을까? 많은 경우 내가 좇는 것은 내가 원하는 것이 아니라 타인이나 사회가 원하는 것이다. 세 번째는 내가 원하는 가장 최소한의 생활 규칙을 정하는 것이다. 내가 정말로 원하고 즐겨하는 것을 중심으로, 내가 할 수 있는 최소한의 원칙을 정하고 실천해보자.

## 경건을 익히기 위한
## 세 가지 요건

프롬(Erich Fromm)은 그의 저서 『사랑의 기술(The Art of Loving)』에서 사랑의 기술을 숙련하기 위한 세 가지 요건을 말하고 있다.[18] 그가 말하듯이 이 요건은 목공이든 미장이든 어떤 기술이든지 그 기술에 정통하기 위해서는 꼭 필요한 것이다. 경건도 하나의 삶의 기술(art)이라면, 경건을 익히기 위해서는 기본적 성실함이 필요하다.

(1) 훈련: 생활의 구조 세우기

첫 번째는 훈련(discipline)이다. 교회에서도 훈련이라는 말을 많이 쓴다. 훈련이란 방향성과 일관성을 가지고 어떤 일이나 행위를 지속하는 것이다. 언뜻 보면 이러한 생활이 그때그때의 욕구나 의지에 따르는 것을 방해한다고 생각할 수 있다. 그러나 훈련이 욕구 충족이나 여유로운 생활과 대립한다고 생각할 필요는 없다. 훈련은 하고 싶은 것을 포기하는 것이 아니라 생활의 구조를 세우는 것이다.

생활의 구조를 세우는 것이 왜 중요한가? 생활의 구조는 사람의 인격과 삶의 구조를 담아야 하기 때문이다. 인격 안에서 몸과 마음과 영혼의 요소가 균형을 이루고 있다면, 생활도 이러한 요소를 균형 있게 담아야 한다. 또한 삶에서도 일과 휴식과 취미와 사귐 등의 기본 요소가 균형을 이루어야 하기 때문에, 생활은 이러한 요소들을 균형 있게 담아야 한다.

문제는 그러한 균형이 저절로 이루어지지 않는다는 것이다. 내버려 두면 우리의 생활은 균형을 잃고 한 가지에 매몰되거나 혼란에 빠져버리

---

18 | Erich Fromm, *The Art of Loving* (New York: Harper & Row, Publishers, 1956), 90~92.

고 만다. 결국 나의 욕구를 골고루 충족시키지도 못하고 나의 의지는 무너져 버린다. 그러므로 제대로 된 생활의 훈련을 위해서는, 나의 인격에 대해 그리고 나의 삶에 대해 잘 성찰하고 이해하여, 생활에 무엇을 담을지 신중하게 결정하는 것이 중요하다. 그러므로 균형 있는 생활의 구조를 잘 세울 필요가 있다. 놀거나 쉬는 것도 생활 구조의 중요한 부분이기 때문에 잘 담아야 한다. 균형 잡힌 생활의 구조를 세웠으면 이를 꾸준히 지속할 필요가 있다. 이것이 훈련과 질서, 곧 'DISCIPLINE'이다.

(2) 집중: 생활의 중심 세우기

두 번째는 집중(concentration)이다. 어떤 기술을 배우고 숙달하려면 거기에 마음을 모아야 한다. 집중(集中)이란 '가운데로 모은다'는 뜻이다. 오늘날의 사회는 우리의 시선을 다양한 곳으로 분산시키는 경향이 있다. 휴대전화와 유튜브 등은 우리의 삶을 다양한 관심사와 재미로 이끌지만, 자칫하면 우리 삶의 중심을 흩어 버릴 수 있다. 마음을 '가운데'로 모으고 고요히 나의 삶을 바라보는 것은 '나'의 정체성을 지키기 위해 필요한 일이다. 앞에서 언급한 바처럼, 경건 생활에 집중한다는 것은, 매일의 생활 속에서 경건의 시간을 우선 순위에 두고, 그 시간을 통하여 생활의 모든 측면이 방향과 의미를 얻는다는 것이다.

(3) 인내: 하면서 기다리기

세 번째는 인내(patience)이다. 인내는 '할 것'을 하면서 '기다리는' 것이다. 아무것도 하지 않고 무작정 기다리는 것이 인내가 아니다. 하루하루 훈련하고 집중하더라도 숙달될 때까지는 시간이 필요하다. 업무나 일상 생활에서 아무리 사소해 보이는 일이라 할지라도, 한 가지 일에 '숙련된 사람'이 되는 것은 성숙한 인생을 만들어가는 하나의 과정이다. 하물며 우리가 경건에 숙련된 사람이 될 수 있다면, 이는 우리의 인생을 진정으로 성숙함과 풍성함으로 이끌 것이다.

## 경건 생활의 유익

경건 생활을 익히기 위해서도 이처럼 훈련, 집중, 인내가 필요하다. "육체의 연단은 약간의 유익이 있으나 경건은 범사에 유익하니 금생과 내생에 약속이 있느니라(딤전 4:8)"는 말씀에도 있듯이, 경건은 천국에 가기 위해서만 필요한 것이 아니라 '금생(今生)'에서 '범사(凡事)'에 유익하다. 즉 우리 일상생활의 모든 일에 유익하다는 말이다. 뭐가 그리 유익할까? 경건 생활은 개인의 영적인 차원이 열리고, 깊어지고, 다져지는 과정인데, 그것이 어떻게 일상의 모든 부분에 유익을 줄까? 많은 유익이 있지만, 몇 가지만 들어보자.

첫째, 사람의 영적인 차원은 존재의 숨은 신비를 향한다. 사람도 삶도 신비 가운데 있다. 경건은 그 신비로 들어가는 길이다. 일상의 신비에 눈을 뜸으로써, 우리의 생활에서 신비로운 체험들이 열리게 된다.

둘째, 경건 생활은 우리가 인격의 전체성을 향하여 움직이도록 돕는다. 많은 경우, 별로 중요하지 않은데도 우리를 사로잡거나 붙들고 있는 것들로 우리 삶이 요동치고 낭비된다. 경건은 우리가 삶을 전체적으로 보게 하기 때문에, 삶의 우선 순위를 분명하게 정리하도록 돕는다. 그래서 선택과 집중이 가능하게 한다.

셋째, 사람의 영적 차원은 우리 마음에 알지 못할 힘을 주며 삶에 깊은 의미를 불어넣는다. 우리는 살면서 자신이 얼마나 취약한 존재인지를 거듭 경험한다. 다윗이 끊임없이 '하나님은 나의 요새요, 나의 피난처요, 나의 바위시라'고 고백하는 것은 그 자신이 얼마나 불안하고 두려웠는지를 보여준다. 하나님 안에서 흔들리지 않는 요새, 피난처, 바위를 경험한다면, 우리의 삶이 얼마나 든든하겠는가.

경건은 우리를 영원성으로 인도하면서 동시에 위와 같은 일상에 많은 유익을 준다. '금생과 내생에 약속'을 주는 경건을 위해 훈련, 집중, 인내에 힘써보자.

경건 생활

# 8

## 교회와 돌봄

o 메시야를 기다리는 사람들

**현대인에게 필요한 두 가지**
**사색과 공동체**

　『피로사회』에서 한병철은 현대인에게 필요한 것이 상호간의 유대와 돌봄이라고 말한다. 현대를 살아가는 사람들은 성과를 내고 자기를 내세우기에 지쳐 피로하고 외롭다. 성공한 사람도 실패한 사람도 미래는 어둡고 막막하다. 어디에도 출구는 없고 끊임없는 긴장과 불안만이 삶을 압박한다. 이 사회에는 출구가 없다. 출구처럼 보이는 두 가지가 있는데, 하나는 성공이고, 하나는 철수(撤收), 즉 숨는 것이다. 그러나 여러 사람 앞에서 성공한 것처럼 보이는 사람이나, 자기만의 고립된 세계 안으로 철수한 사람이나, 불안하고 외롭고 어둡기는 마찬가지이다.

한병철은 대안으로 사색(思索)과 공동체를 제안한다. 사색은 곧 성찰을 가리킨다. 모든 상황에서 한 걸음 물러나서, 겉으로 보이는 것 밑에 숨어있는 의미를 찾는 것이다. 공동체는 개인적 고립의 껍질을 벗고 친교하는 것이다. 이러한 것이 과연 가능할까? 이미 고립되어 있고, 이미 불안 속에 휩싸여 있고, 이미 욕망과 좌절의 악순환 속에 사로잡힌 사람에게 이러한 탈출은 불가능해 보인다. 그렇다면 어떻게 해야 탈출이 가능할까?

### 예수를 만난 여인

우물가에서 예수를 만난 여인의 이야기를 살펴보자.
예수께서 길 가시다가 피곤하여 우물 곁에 그대로 앉으시니 때가 여섯 시쯤 되었더라 사마리아 여자 한 사람이 물을 길으러 왔으매 예수께서 물을 좀 달라 하시니… 여자가 이르되 당신은 유대인으로서 어찌하여 사마리아 여자인 나에게 물을 달라 하나이까… 예수께서 대답하여 이르시되 네가 만일 하나님의 선물과 또 네게 물 좀 달라 하는 이가 누구인 줄 알았더라면 네가 그에게 구하였을 것이요 그가 생수를 네게 주었으리라 여자가 이르되 주여 물 길을 그릇도 없고 이 우물은 깊은데 어디서 당신이 그 생수를 얻겠사옵나이까… 예수께서 대답하여 이르시되 이 물을 마시는 자마다 다시 목마르려니와 내가 주는 물을 마시는 자는 영원히 목마르지 아니하리니 내가 주는 물은 그 속에서 영생하도록 솟아나는 샘물이 되리라 여자가 이르되 주여 그런 물을 내게 주사 목마르지도 않고 또 여기 물 길으러 오지도 않게 하옵소서 이르시되 가서 네 남편을 불러 오라 여자가 대답하여 이르되 나는 남편이 없나이다 예수께서 이르시되 네가 남편이 없다 하는 말이 옳도다 너에게 남편 다섯이 있었고 지금 있는 자도 네 남편이 아니니 네 말이 참되도다 여자가 이르되 주여 내가 보니 선지자로소이다 우리 조상들은 이 산에서 예배하였는데 당신들의 말은 예배할 곳이 예루살렘에 있다 하더이다 예수께서 이르시되 여자여 내 말을 믿으라 이 산에서도 말고 예루살렘에서도 말고 너희가 아버지께 예배할 때가 이르리라 너희는 알지 못하는 것을 예배하고 우리는 아는 것을 예배하노니 이는 구원이 유대인에게서 남이라 아버지께 참되게 예배하는 자들은 영과 진리로 예배할 때가 오나니 곧 이 때라 아버지께서는 자기에게 이렇게 예배하는 자들을 찾으시느니라 하나님은 영이시니 예배하는 자가 영과 진리로 예배할지니라 여자가 이르되 메시야 곧 그리스도라 하는 이가 오실 줄을 내가 아노니 그가 오시면 모든 것을 우리에게 알려 주시리이다 예수께서 이르시되 네게 말하는 내가 그라 하시니라… 여자가 물동이를 버려 두고 동네로 들어가서 사람들에게 이르되 내가 행한 모든 일을 내게 말한 사람을 와서 보라 이는 그리스도가 아니냐(요 4:6~29).

사마리아 여인은 현대를 살아가는 우리와 비슷하게 지쳐 있고 외롭다. 사람들은 그녀에게 진정으로 다가오지 않는다. 다가오더라도 인격적으로 다가오기보다 무언가 얻어내려고 다가온다. 그녀는 그런 사람들에게 지쳤다. 처음에는 예수도 혹시 그런 사람이 아닐까 의심했을지 모른다. 그녀는 "유대인인 당신이 왜 나 같은 여자에게 말을 겁니까(요 4:9)?"라고 말하며 경계한다.

### 여인을 만나신
### 예수

예수께서는 그녀가 경계하고 의심하는 것을 아셨을 것이다. 그런데도 또 다시 말을 거신다. 우리는 많은 사람과 말을 나누며 살아간다. 그런데 내가 진심으로 말을 걸고 또 나에게 진심으로 말을 거는 사람이 얼마나 있을까? 때로는 가족조차도 건성건성 대한다. 많은 사람이 주변에 있지만 나의 마음은 여전히 외롭다. 예수께서 사마리아 여인에게 진정으로 말을 거심으로써 대화가 시작된다. 대화를 통해 관계가 맺어지며, 정말로 필요한 것, 정말로 아프고 힘든 것, 정말로 원하는 것에 관해 서로 말을 나누게 된다.

예수께서 그녀에게 좋은 것을 주고자 한다고 말해도, 여전히 그녀는 의심한다. "그릇도 없고 두레박도 없으면서 어디서 물을 구해준단 말입니까(요 4:11)?" 그녀가 계속 의심하고 경계하는데도 여전히 예수께서 진심을 보이시자, 그녀는 마음을 약간 연다. "그럼 그런 물을 주십시오. 내가 물 길으러 다니지 않게…(요 4:15)." 드디어 그녀와 예수 사이에 깊은 대화가 시작된다.

남편 이야기는 삶의 깊은 상처를 보여준다. 비밀을 알아맞히셨기 때문에 그녀가 예수께 '선지자'라고 고백하였을까? 단지 그것 때문만은 아니었을 것이다. 예수의 진정한 위로와 공감의 태도가 그녀에게 전해졌을 것이고, 두 사람 사이에 신뢰가 형성되고 예수에 대한 믿음이 생겼을 것이다. 드디어 그녀는 자신의 깊은 영적 갈망을 드러낸다. "우리 조상들은 이 산에서 예배하였는데 당신들의 말은 예배할 곳이 예루살렘에 있다 하더이다(요 4:20)."

그녀의 영적 갈망에 대해, 예수께서는 '영과 진리로 예배'함으로써 하나님을 만날 수 있다는 희망의 메시지를 주신다(요 4:24). 결국 여인은, 늘 마음속에서 열망해 왔지만 누구에게도 감히 말하지 못했던, 메시야를 기다리는 마음을 고백한다. 마음속 가장 깊은 열망을 고백함으로써, 그녀는 결국 그리스도이신 주님을 만난다(요 4:26).

## 사람들은 모두 메시야를 기다린다

사실 사람들은 모두 어떤 모양으로든 메시야를 기다린다. 그들의 삶은 곤경에 처해 있고 어디에도 출구는 없기 때문이다. 사마리아 여인도 마찬가지였다. 그녀가 우물가에서 한 남자를 만났을 때, 그녀는 그저 물 긷는 것 외에는 아무 관심도 없는 것처럼 보였다. 우리가 만나는 사람들도 마찬가지이다. 그들은 그저 돈 버는 것 외에는, 외모를 가꾸는 것 외에는, 출세하는 것 외에는 아무 관심도 없는 것처럼 보인다. 그러나 마음속 깊은 곳에서 그들은 메시야를 기다린다. 어쩌면 우리도 그들 중 한 사람인지 모른다.

# 8 돌봄이 필요한 사람들

메시야를 기다리는 사람들은 돌봄이 필요한 사람들이다. 한병철의 말처럼 현대인들에게 필요한 것은 성과나 성공이 아니라 성찰과 돌봄의 공동체이다. 현대 사회는 우리 각자에게 거추장스러운 관계의 끈들을 버리고 독립적으로 살아가는 개인이 되라고 말한다. 이것은 멋진 메시지처럼 보인다. 우리는 독립적이고 성공한 개인이 되기 위해 노력해보지만, 잘 되지 않는 현실 속에서 좌절한다. 그리고 그 실패는 자신의 책임이라고 생각하며 절망한다. 현대 사회에서 각 사람은 뿔뿔이 흩어진 채로 좌절하며 신음한다.

### 자유
**성숙을 향한 기회이자 부름**

그렇다면 현대 사회가 우리에게 주는 메시지는 정말 공허한 것뿐일까? 현대 사회가 개인을 제약했던 전통적인 굴레를 많이 벗겨준 것은 사실이다. 개인은 과거에 비해 더 자유롭게 자기 자신이 원하는 것을 하게 되었다. 그런데 여기에 커다란 함정이 있다. 보다 자유로워진 개인은 많은 경우 그 주어진 자유로 인해 오히려 길을 잃는다.

1장에서 성숙함을 '이해와 성찰의 과정을 거쳐서 균형 잡힌 인격과 신앙에 이르는 것'이라고 정의하였다. 사실 성숙과 자유는 동전의 양면과도 같다. 자유 없는 성숙은 겉모양만 그럴 듯하게 보일 수 있으며, 성숙 없는 자유는 방종에 가까울 수 있다. 우리에게 좀 더 많은 자유가 주어진다면, 그것은 성숙을 향한 기회인 동시에 성숙을 향한 부름이다. 아이들이 성장할수록 조금씩 더 자유가 주어지는 것은 이 때문이다. 아이들에게 조금씩 더 자유를 부여한다면, 그것은 조금 더 성숙하여 보다 더 책임적인 인격으로 성장하기를 기대하기 때문이다. 만일 성숙의 과정이 충분히 이루어지지 않은 채, 아이에게 자유가 주어진다면 어떻게 될까? 오히려 위험한 일이 되지 않을까?

바로 이것이 우리의 현실이다. 현대 사회는 개인들에게 여러 가지 제약을 하나둘씩 풀어주기만 했을 뿐, 우리 개인이 충분히 성숙하도록 돕지는 못했다. 그냥 뿔뿔이 흩어놓기만 했을 뿐, 성숙한 관계를 만들어갈 만큼 우리를 준비시키지는 못했다. 그렇다고 해서 조선 시대나 중세 시대로 돌아가기를 원하는 사람은 거의 없을 것이다. 개인의 자유를 확장하는 방향으로 시대가 변화해온 것을 다시 과거로 되돌려야 한다고 생각하는 사람은 거의 없다.

## 자유와 성숙의 확장을 꿈꾸는 공동체

그렇다면 우리의 과제는 무엇일까? 자유의 확장에 걸맞게 성숙의 확장을 향해야 하는 것 아닐까? 자유의 확장과 성숙의 확장을 동시에 이루는 이상(理想), 곧 자유와 성숙의 균형을 이루려는 이상을 꿈꾸어온 사람들이 바로 기독교인이라고 생각한다.

진리를 알지니 진리가 너희를 자유롭게 하리라(요 8:32).
주는 영이시니 주의 영이 계신 곳에는 자유가 있느니라(고후 3:17).
내가 모든 사람에게서 자유로우나 스스로 모든 사람에게 종이 된 것은 더 많은 사람을 얻고자 함이라(고전 9:19).
그리스도께서 우리를 자유롭게 하려고 자유를 주셨으니 그러므로 굳건하게 서서 다시는 종의 멍에를 메지 말라(갈 5:1).
형제들아 너희가 자유를 위하여 부르심을 입었으나 그러나 그 자유로 육체의 기회를 삼지 말고 오직 사랑으로 서로 종 노릇 하라(갈 5:13).

예수 그리스도께서는 모든 사람에게서 그리고 모든 것에서 자유로우셨지만, 그 자유를 가지고 모든 사람을 섬기셨고 모든 사람을 위해 십자가에서 죽으셨다. 고린도서와 갈라디아서의 저자 바울 역시 스스로 모든 사람에게서 자유롭다고 여러 번 고백하였지만, 모든 사람을 위해 평생 고생하였다. 예수 그리스도께서 꿈꾸셨던 하나님 나라는 자유와 사랑이 온전히 성취되는 공동체이며, 바로 그것이 성숙한 인간의 모습이다.

### 아직은 미숙하지만
### 서로 돌봄으로

그러나 자유와 사랑을 실현하는 성숙한 사람들끼리 모여서 만드는 것이 하나님 나라가 아니다. 오히려 아직은 미숙하지만 서로에 대한 진정한 돌봄을 통하여 함께 자유와 사랑을 향해 나아가는 공동체가 하나님 나라이다. "만일 어떤 사람이 양 백 마리가 있는데 그 중의 하나가 길을 잃었으면 그 아흔아홉 마리를 산에 두고 가서 길 잃은 양을 찾지 않겠느냐 진실로 너희에게 이르노니 만일 찾으면 길을 잃지 아니한 아흔아홉 마리보다 이것을 더 기뻐하리라(마 18:12~13)." 건강한 아흔아홉 마리 양들끼리 기뻐하기보다, 잃어버린 양 한 마리를 찾아 돌보며 기뻐하는 것이 하나님 나라이다.

예수께서는 사마리아 여인이 남편을 다섯이나 두었다고 해서 '당신은 구원받을 수 없다'고 말씀하시지 않았다. 그녀야말로 예수께서 늘 찾아다니시던 잃어버린 양이었기 때문이다. 예수께서는 그녀를 돌아보셨다. 그녀에게 먼저 말을 거셨다.

그녀가 예수의 접근을 경계하고 의심한 데에는 그만한 이유가 있었다. 평생 그녀에게 접근한 남자들은 그녀를 돌보지 않았다. 그녀는 점점 더 남자들을 믿지 않게 되었다. 아니, 사람들을 점점 더 믿을 수 없었고, 겉으로는 이 사람 저 사람 만나도, 속으로는 누구에게도 마음을 열기 힘들었을 것이다.

예수께서는 의심하고 경계하는 사마리아 여인에게 적극적으로 다가가셔서 돌봄을 베푸셨다. 그녀는 마음의 깊은 상처를 나눌 수 있었고 메시야를 만날 수 있었다. 그녀는 비록 사마리아의 상처 받은 여인이었지만, 삶을 버텨내고 사랑의 관계들을 세워갈 새로운 힘과 기반을 얻었다. 고립되어 숨어다니던 여인이 이제 크게 외친다. "여자가 물동이를 버려 두고 동네로 들어가서 사람들에게 이르되 내가 행한 모든 일을 내게 말한 사람을 와서 보라 이는 그리스도가 아니냐(요 4:28~29)."

## 교회, 돌봄의 공동체

### 한국 교회는
### 이미 준비된 공동체이다

돌봄이 필요한 현대인들에게 교회만큼 준비된 공동체는 없다. 교회는 출발부터 돌봄과 치유의 공동체였다. 예수께서는 사람들이 사는 마을마다 찾아다니며 사람들을 만나셨다. 아픈 이들에게 손을 얹으시고 위로와 구원의 복음을 나누셨다. 그의 제자들과 사도들은 유대 지경을 넘어 아시아와 유럽의 도시마다 다니며 치유와 전도 사역을 하였다. 오늘 한국에는 사람들이 사는 곳 어디에나 교회가 서 있다. 누구든지 원하면 갈 수 있는 거리에 교회가 있다. 그 교회 안에는 돌봄의 공동체가 사람들을 기다리고 있다.

그런데 현재 한국 교회는 사람을 위한 돌봄의 공동체로서의 자신감을 많이 잃은 듯하다. 때로 자신의 정체성에 대해서 불안해하고 초조해하는 듯하다. 그래서 종종 너무 큰 소리를 내려 하거나 경직된 반응을 보인다. 우리가 먼저 할 것은 진정한 돌봄과 치유의 공동체로서 스스로를 다듬는 일이다.

### 우선적 가치는
### 개인의 돌봄과 치유이다

돌봄의 공동체에 대해 몇 가지 제안한다. 돌봄의 공동체에서 가장 우선되는 가치는 아픔을 겪는 개인의 돌봄과 치유이다. 예수께서도 잘 있는 아흔아홉 마리 양보다 길 잃은 한 마리 양을 찾아내는 것이 목자의 가장 큰 기쁨이라고 말씀하신다. 그리고 작은 자 한 사람을 실족하게 하는 것을 매우 심각하게 생각하신다(마 18:6). 개인에 대한 존중과 돌봄이 우선적 가치가 될 때, 힘과 권위는 섬기는 도구가 된다. "너희 중에 누구든지 크고자 하는 자는 너희를 섬기는 자가 되고 너희 중에 누구든지 으뜸이 되고자 하는 자는 너희의 종이 되어야 하리라(마 20:26~27)."

섬김에서 중요한 것은 이해하고 공감하려는 태도이다. 섬긴다고 하면서 내 뜻대로, 내 생각대로 섬긴다면, 오히려 상대방을 침해하거나 억누르는 결과를 가져올 수 있다. 종처럼 낮아진다고 하는 것은 상대방의 관점에서 그의 필요, 욕구, 감정, 생각이 무엇인지 이해하려고 노력하는 것이다. 진정으로 이해하고 공감한다면, 진정으로 섬길 수 있다.

### 개인의 돌봄과 치유를 위한
### 세 가지 조건

공동체에서 개인이 돌봄과 치유를 경험하기 위해서는 적어도 다음 세 가지 조건이 필요하다. 인격적으로 존중받고 이해받는 경험, 지속적인 관계 또는 소속감, 좋은 멘토.

(1) 인격적 존중과 이해

인격적으로 존중받고 이해받는 경험은 바로 우물가의 여인이 예수에게서 경험한 것이다. 당시 멸시받던 사마리아인이면서 남성에 비해 차별받던 여성인 그녀에게 예수는 온전히 집중하여 인격적 대화를 나누셨다. 사회적 조건이나 성별 또는 나이와 상관없이 주님은 그녀를 온전한 인격으로 존중하셨다. 그녀의 마음 깊이까지 관심을 갖고 또한 자신이 메시야인 것을 드러내셨다는 사실은 주께서 그녀를 건성건성 대하신 것이 아니라 자신의 모든 것을 다해 대하셨음을 보여준다.

(2) 지속적인 신뢰 공동체

지속적이지 않고 일시적인 관계는 개인에게 큰 위로나 신뢰를 주지 못한다. 좋은 관계를 지속적으로 경험하여 그 관계나 공동체를 진정 신뢰할 수 있을 때, 개인은 비로소 방황을 그칠 수 있다. 신뢰를 경험할 때까지 개인은 경계와 의심을 풀지 못한 채 외로움 속에서 방황한다. 신뢰할 수 있는 공동체는 개인이 쉴 수 있는 요람과도 같다. 그 쉼 속에서 개인은 비로소 자신을 진정으로 돌아보며 빛을 향해 나아가게 된다.

(3) 공감의 관계를 제공하는 멘토

멘토는 신뢰할 수 있는 현명한 조언자를 뜻한다. 멘토는 관습적인 규칙이나 율법을 가르치는 사람이 아니다. 강압적으로 이끌어가는 지도자는 더더욱 아니다. 각 개인의 독특한 역사, 성격, 취향, 능력, 소명, 또한 그가 처한 상황 등을 진정으로 이해하고 존중할 수 있는 사람만이 멘토가 될 수 있다. 멘토는 삶의 방향을 일방적으로 지시하는 사람이 아니다. 그는 개인이 자신을 더 잘 이해할 수 있도록, 소명을 차츰 깨달아가도록, 진정한 용기를 회복하도록 기다려주는 사람이다. 믿어주고 이해해주고 기다려주는 관계야말로 멘토가 줄 수 있는 가장 중요한 선물이다.

오늘날 한국 교회는 기댈 곳을 잃은 개인들에게 쉼과 치유와 구원의 요람이다.

# 나를 바라보다
# 하나님을 바라보다

1판 1쇄 발행 2023년 4월 12일

홍영택 지음

발행인 | 이 철
편집인 | 김정수
발행처 | 도서출판kmc
　　　　서울특별시 종로구 세종대로 149 감리회관 16층
　　　　(재)기독교대한감리회 도서출판kmc
　　　　전화 02-399-2008 팩스 02-399-2085
　　　　www.kmcpress.co.kr
디자인·인쇄 | 디자인통
Copyright (C) 도서출판kmc, 2023, *Printed in Korea.*

ISBN 978-89-8430-886-2　03230

- 값은 뒤표지에 있습니다.
- 파본은 구입처에서 교환해 드립니다.
- 이 책은 저작권법에 의하여 보호를 받는 저작물이므로 무단 전재와 복제를 금합니다.